理数アタマで読み解く日本史

なぜ「南京30万人」「慰安婦20万人」に騙されてしまうのか？

「憲政史家」 倉山 満
×
「受験戦略家」 平井基之

ハート出版

理数アタマで読み解く日本史

倉山　満×平井基之

ハート出版

はじめに

　かつて、日本社会党という恥ずべき集団がいた。
　斜めに壊れるから"斜壊党"とも言われた。ついでに言うと、常に右派と左派が派閥抗争をしていたので、"二本斜壊党"とも呼ばれた。「この政党に放り込めば、菅直人氏も良識派」と言われた政党であった。今をときめく枝野幸男氏も近づかなかった集団である。だが、野党第一党の座に居座り続け、日本社会党が存在するということ自体で、我が国の憲政を汚染し続けてくれた。こいつらに比べると今の立憲民主党など可愛いもので、民主党政権など史上最悪どころか良識派にすら見えてくる。
　では、"二本斜壊党"の何が悪かったのか。3点あげる。

　第1点は、若者の面倒を見ないことである。
　若い者の面倒を見ないどころか、ウルトラ年功序列体質である。年上は年下に対して何をしても良いという意味不明な体質が因習化している。権限が無い相手に平気で命令する。若者が自分たちの統制を離れて自分たちの意思で動くのを、極端に嫌う。そのくせ、事あるごとに「俺が育ててやった」と恩を着せる。決まり文句が「俺たちはこれを昔からやってきたんだ」などと、何の説得力も無い決め台詞でドヤ顔をする。それに対して「ということは、ウン十年間、アンタらは勝ったことが無く負けっぱなしだったんだろ？」などとマトモに反論でもしようものなら、日本中に悪口を言いふらされる。狭いそちらの業界の中での話だが。

幹部が意味不明に党内政局に強いので正論など通るはずがなく、マトモな人が出ていく。すると、残ったバカの発言力がますます高まる。そして正論が……の、負のスパイラルを延々と続けている。

さすがにこれでは尻すぼみだと気付いた幹部たちがひねり出した知恵が、マドンナ旋風だった。結果、脂ぎったオヤジに媚びるのが上手い女、つまり「女の敵の女」が幅を利かすようになり、若い女性は近づかなくなった。

第2点は、勝つ気が無いことである。
この人たちには、戦略以前に作戦という概念がない。それどころか、必勝の信念すら欠如している。活動の目的が「活動を広げること」という、もはや目的として成立していない場合も存在する。政権を取る意思など、最初から無い。政権など担当すれば責任が生じるからだ。野党第一党が丁度いい。この人たちは、「言いたいことを言って飯が食えれば、それでイイ」のだ。やられ役で商売をしているからだ。やられ役でもプライドが傷つかないし、それで飯が食えるので大歓迎なのだ。言ってしまえば、負けるのが楽しい人たちなのだ。

第3点は、頭が悪いことである。
こんな体質の組織なのに、一定数の支持者がいるのだ。もはや支持者と言うより、信者と言ってよい。自分の頭でものを考えることを拒否し、誰か指導者が言ったことを妄信する。
ところで気づいただろうか。今や存在しない政党の話をして

いるのに、現在形の文章なことに。
　そして、恐ろしく既視感がないだろうか。

　ソ連が滅び、北朝鮮が日本人拉致を認め、多くの日本人は中国の現実に気付き始めている。敗戦から70年以上「日本は悪い国だ」と教えられてきたが、いいかげんに嘘だとバレ始めている。しかし、社会党の末裔のような勢力がいまだ幅を利かせている。テレビを見ても新聞を見ても、彼らの主張の方が世の中の多数派のように思える。
　その証拠に、南京大虐殺で日本人が殺した中国人被害者の数は30万人、従軍慰安婦として日本軍に強制連行されて性奴隷にされた朝鮮人の数は20万人。およそ、数が数えられる人間ならば信じない数字だ。
　ならば我々も数学で対抗すればいい。何なら算数でもいい。算数ができれば、日本を貶める勢力の主張など粉砕できる。
　嘘だと思うなら、ページをめくればよい。
　ご覧あれ。

倉山　満

はじめに{倉山 満}=3

第1章
日本国憲法を数字で読み解く！

数学の論理を使えば歴史は倍、面白くなる = 10
日本の伝統から外れた日本国憲法 = 13
帝国憲法の第1章と大宝律令 = 25
ベン図と憲法 = 29
数学も歴史も奥深くでつながっている = 39
フランス革命 〜間違った理数アタマの極み〜 = 41
数学 〜歴史を踏まえて学ぶもの〜 = 48

第2章
有名中学校の入試問題は
本当に偏向しているのか？

偏向する中学入試問題 = 54
桜蔭中学校 = 55
お茶の水女子大学附属中学校 = 57
豊島岡女子学園中学校 = 61
雙葉中学校 = 66
女子学院中学校 = 70
駒場東邦中学校 = 74
渋谷教育学園渋谷中学校 = 83
渋谷教育学園幕張中学校 = 89

第3章
大学入試問題にみる歴史研究の実際

偏向すらできないセンター日本史 = 94
史上最低の東大日本史問題 = 103
「男系相続の原理」がわかれば日本史がわかる = 112
応仁の乱の謎 = 129
日本史より世界史のほうが自虐的 = 139
下位層は信じ、上位層は俯瞰する = 146
簡単な問題から解け！ ～戦略の重要性～ = 158
日本国憲法 ～改正が難しい順に並べよ～ = 163

第4章
南京大虐殺と三角形の内角の和

大東亜戦争 ～試験エリートの失敗～ = 172
（従軍）慰安婦問題 ～戦い方を考えよう～ = 178
南京大虐殺と三角形の内角の和 = 186
20世紀最大最悪の為政者は誰？ = 193

第5章
もう数字に騙されない

基地の70パーセントが沖縄って本当？ = 204
国の借金1000兆円の嘘 = 210
TPP問題は「正負の数」でわかる！ = 223
算数ができれば「中選挙区制に戻せ」とは言わない = 226
自治労の算数 ～筋を通せないヤツは算数ができない～ = 234

おわりに｛平井基之｝= 243

第1章 日本国憲法を数字で読み解く!

√数学の論理を使えば歴史は倍、面白くなる

倉山　平井先生の単著第2作目ですね。よろしくお願いいたします。

平井　いや、単著じゃありません。共著です。何より、師匠の倉山先生と対談させていただいて光栄です。

倉山　いやいや『理数アタマで読み解く日本史』ですから、今をときめく平井先生の本です。

平井　倉山先生に持ち上げられるなんて、気持ち悪いなあ（笑）。

倉山　デビュー作の『ビジネスで差がつく論理アタマのつくり方——カンタンな中1数学だけでできる！』（ダイヤモンド社、2017年）が発売10日で重版。本業は、受験戦略家として東大受験専門塾である「敬天塾」を主宰。開塾初年度の今年は見事に1人受けて1人合格。しかも全科目を指導している。

平井　おかげさまで。

倉山　そして、毎日夕方6時からインターネットのYouTubeで配信される「チャンネルくらら」にレギュラー出演する他、吉本に所属する芸人さんなどの仲間たちとライブを行うなど多忙な日々。

平井　はい。

倉山 その仲間たちと出した、日本お笑い数学協会『笑う数学』（KADOKAWA、2018 年）も、これまた発売 2 週間で重版。

平井 おかげさまで……（汗）。ところで、なんで冒頭からいきなり説明的なセリフが続くんですか？

倉山 他己紹介に決まってるじゃない。

平井 あ、ありがとうございます。でも、褒められると、すごく気持ち悪いですね……。

倉山 大事なことですよ。チヤホヤしてくるヤツは警戒しろということを覚えないと。

平井 あはははは。

倉山 おだててもらえないヤツは五流。おだてに乗るしかないヤツは四流。おだてに乗れないヤツは三流。おだてにきちんと乗れて、やっと二流になれる。そして、おだててくる人をつき離せて、やっと一流になる。

平井 なるほど。急に深い話になりました。

倉山 と赤塚不二夫先生が言っていました。

平井 勉強になります。

倉山 途中からは私のオリジナルなので、そこ、疑うように。

平井 また、そういう罠を……（苦笑）。

倉山 （急に神妙に）では平井先生、ご教示、よろしくお願いいたします。（と平身低頭の動作）

平井　やめてくださいっ！

コホン。（気を取り直して）今回は、読者の皆さんに、一味違う歴史の見方をお届けしたいと思います。私は一番の専門が数学ですから、細かい歴史の話は倉山先生に解説していただきながら、数学的思考法で歴史を斬っていこう、というお話をしたいと思います。でも、数学と言ってもいきなり難しい数式なんかは出ません。本書でお話ししたいのは、あくまで数学的なモノの見方であって、数学そのものではありませんので、ご安心を。

倉山　小難しい証明や計算はないということですね。あくまで、理系的な考え方や捉え方を歴史に利用していこうと。ということは、歴史は今までの倍、面白くなりそうですね。私が平井先生と共著を出すことにしたのは、数学というと難しい、とっつきにくいイメージがあって、確かに一面はそうなんだけれども、身に付ければ本当に人生の役に立つ。そういった数学の楽しさの扉を開いてほしい、という願いがあったからです。

平井　本書の趣旨をご説明いただいたところで、コアメッセージからお話ししたいと思います。

今回、伝えたいコアメッセージは、

　　　　①過程に注目せよ！
　　　　②可視化せよ！
　　　　③全体像をつかめ！

この3つです。

理系科目に苦手意識を持っている人でも、簡単に理系的に考えられるポイントがこれです。歴史は文系科目ということになっていますが、少し違った角度から見ると混沌としていた歴史事象もすっきりと解決するという可能性をお見せしたいですね。

倉山 お願いします。

√日本の伝統から外れた日本国憲法

平井 最初に倉山先生、この前、面白いことがあったんです。

倉山 なに、なに、なに？

平井 何人かの理系の友達と話していて、問題を出したんです。

倉山 どんな？

平井 じゃあ、倉山先生、この問題を解いてくれますか。

問題　次の中で仲間外れのものを一つ選べ。
1　十七条憲法
2　御成敗式目
3　建武式目
4　公家諸法度
5　大日本帝国憲法
6　日本国憲法

倉山 そりゃ当然、日本国憲法でしょ。

平井 おお、さすが倉山先生。では、その理由は？

倉山 （急に裏声で）日本国憲法はGHQが押し付けた占領期の基本法[1]であって、日本国の歴史伝統文化にそぐわないからだよ〜。（声戻る）ということを読者の方々はわかっていると思いますが、この本はそこで止まる本じゃないんですよね？

1 日本が現在使用している「日本国憲法」は、戦後アメリカが日本を占領していた時期に、GHQ（連合国最高司令官総司令部）のマッカーサーが原案を作ったとされている。その後、GHQの検閲の枠内で日本人が若干の修正をしたものが「日本国憲法」であり、日本の歴史伝統文化を十分に反映したものとは言い難い。

平井 おおっ。その通りです。では、根拠は？　ちょっと縛っていいですか。

倉山 え、縛りがあるの？　いいよ。

平井 この問題の解答には数字が絡むんですが、倉山先生なら、当然わかりますよね。

倉山 ん〜、難しいなあ、平井先生。数字かあ。（1秒だけ考えて）答えはね、17の倍数。

平井 おお、さすが倉山先生。即答。でも、読者の皆さん、17の倍数と言われて、ピンときますでしょうか？

倉山 十七条憲法はもちろん17条。御成敗式目[2]は51条だから17の倍数。室町幕府の建武式目は17条。公家諸法度も17条。武家諸法度[3]も新井白石の改訂版だけは17条。

2　御成敗式目は1232年、北条泰時の時代に作られた鎌倉幕府の基本法律。貞永元年に定められたため貞永式目とも言う。

3　武家諸法度は江戸幕府徳川秀忠が将軍であった時代に家康の命によって作られた。当初13条であったが、何度か改正されている。1710（宝永7）年、家宣の時代に新井白石が起草したものが17条。

平井　さすが憲政史家、スラスラ出ますねえ。

倉山　帝国憲法は76条で、一見17の倍数ではないように見えるけれど、「第1章　天皇」は17条です。作成者の伊藤博文は帝国憲法の解説書である『憲法義解』で、「4条から16条までは元首の大権を列挙しました。ほかにも貨幣の鋳造や度量衡などいろいろな大権がありますが、いちいち詳しく書きませんでした」と述べています。伊藤の言っていることは、以下の引用文で確認してください。

　第四条以下第十六条に至るまで元首の大権を列挙す。抑々元首の大権は憲法の正条を以て之を制限するの外及ばざる所なきこと宛も太陽の光線の遮蔽の外に映射せざる所なきが如し。此れ固より逐節叙列するを待ちて始めて存立する者に非ず。而して憲法の掲ぐる所は既に其の大綱を挙げ、又其の節目中の要領なる者を羅列して以て標準を示すに過ぎざるのみ。故に鋳幣の権、度量を定むるの権の如きは一々之を詳にするに及ばず。其の之を略するは即ち之を包括する所以なり。

伊藤博文『憲法義解』（岩波文庫、1940年）より。なお、旧字ほか現代表記に改めた。

平井　大権は、ほかにもあるのに列挙しないで、あえて17条にしているんですね。

倉山　全体を17の倍数にできないから、無理やり第1章を17条にしたのです。

しかし、日本国憲法は103条。どこか1条削って102条にすれば17の倍数なのに、こちらは、まるで17の倍数を意図的に避けているかのよう。そもそも、そんな意識があったかどうかすらも怪しい。

平井　おっしゃる通り、17の倍数ではないもの、です。

倉山　で、その問題に対する理系の人たちの反応はどうなの？

平井　理系の友達はこの問題を解けなくて全滅だったんですよ。というか、「御成敗式目ってなんか習った気がするな〜」くらいの興味や知識の人がほとんど。

でも、答えを教えると「おおっ、数字が歴史に絡むんだ〜」と感動していました。歴史に少し興味を持ってくれた様子でしたよ。「そういう見方があるんだ」と。

そこで、**コアメッセージ①「過程に注目せよ！」**が登場します。

倉山　というと？

平井　歴史好きの人の中で数学が好きという人は少数派だと思いますが、逆に、理系の人たちも歴史に弱かったりします。しかし、実は数学と歴史は、どちらも「過程を大事にする」という点で、とても似ているんです。

数学は学年が上がっていくにつれて徐々に複雑な技術を積み上げるようにして学んでいきます。初めは、もの

の数え方、足し算、引き算、掛け算、割り算といった簡単な四則演算から学びます。そして中学校になると、方程式や関数など、応用した技術を教科書で学ぶようになって、高校3年生では微分積分を習う。

倉山 なるほどね。それが歴史をたどっていると。

平井 そうです。ある程度、時系列の前後はありますが、2000年前の技術を学んだあとに、1000年前の技術を学び、その次に500年前の技術を学ぶといった具合で、歴史をたどりながら数学の技術を学んでいます。だから、当たり前ですけど小学生に微分積分を教えても意味がわかりません。

倉山 それを言ったら、歴史学のほうが「歴史的」に学んでないんじゃないかなあ（笑）。

平井 そして、数学では結論より過程を大切にします。例えば、数学で答えが間違ってたら、「どこかで計算ミスをしたはずだ」となりますよね。結論が違うということは、過程のどこかで間違いがあるんです。

倉山 日本国憲法だけ17の倍数でないということは、その成立過程に間違いがあるはずだ。これも1つの数学的思考ですね。

平井 まさに、その通りなんです。

倉山 だからこそ、この本の意義がある。

平井 それと、理系の人は 17 という数字がわりと好きなんです。なぜなら素数だから。

倉山 素数というと、割れない数だよね。

平井 その通りです。厳密な定義はちゃんとあるんですが、2 とか 3 とか 11 みたいに 1 と自身の数でしか割り算できないのが素数で、4 とか 9 みたいに何かで割れるのは素数ではありません。そして、どういうわけか数学好きの人たちって、素数に異常な執着心があって、「素数はロマンだ」（笑）という感じなんですよ。

だから、ケタの大きな素数を見つけると感動するんです。例えば僕の好きな素数を 1 つ例に出すと、素数を一番小さいものから順に四つ並べたら、2、3、5、7 ですよね。

《素数のロマン》

「2」「3」「5」「7」は素数

「2357」も素数

「2＋3＋5＋7」も素数

「$2^2＋3^3＋5^5＋7^7$」も素数

「（2×3×5×7）＋（2＋3＋5＋7）」も素数

↓ 25 桁の数字
「2357 22 333 55555 7777777 2357」も素数

※他にも面白い性質あり。

これにまつわる素数エピソードがすごくて…（素数のロマンの説明が延々と続くが割愛。詳しくは図を参照）

倉山 数学をやってて歴史に役立ったってことはある？

平井 数学になじんでいると、数字を見てパッと反応できることですかね。僕は、最初は理系で東大に行ったのですが、文系で受け直したときに、いろいろな年号や日付を覚える必要性がありました。例えば「10月24日」の覚え方です。この日はウォール街の株価大暴落（1929年。金融大恐慌のきっかけとなった）の日であり、国際連合が成立した日（1945年）でもあります。この10月24日を1024と見て「2の10乗」と覚えたりするんです。「こんな感じで数字を絡めながら取り組むと歴史も面白く学べるよ」とイベントなどで理系の人に話すと興味を持ってくれますね。

倉山 つまり、理屈っぽいように見えて、実はそれ自体にしか意味がないことが好きなのが、意外と理数アタマだったりする。

平井 はい。

倉山 それ自体にしか意味がないけど、それ自体に意味がある。

平井 きれいにまとめてくださってありがとうございます。単なる感情・感覚という気もしますけど。

倉山 ある種の数字至上主義みたいな。

平井　それ、あります、あります。

倉山　数字に美しさを感じてるんだよね。

平井　そうです。真善美みたいなことを感じて。

倉山　数学できる人って、理屈っぽいように見えて、実は、根源的には、感性なんだよね。

平井　はい。本当に数字、大好きな人たち。

倉山　素数のロマン。というわけで、改めて、問題の解答、仲間外れは？

平井　日本国憲法です！

倉山　日本国憲法の全103条の103も素数だよね。それはどうなの？

平井　素数です。しかも少しだけ特殊な素数で、双子素数と言います。103も素数ですけど101も素数です。このように2離れている素数のペアを双子素数って言います。

倉山　6つの選択肢の中で、日本国憲法だけが仲間外れなことは理解してもらえるとして、それでも、103が大きい素数だから、素晴らしいっていう人もいるわけ？

平井　それはないんですよ。というのは、この場合は大きいことよりも、ちゃんと揃っていることが大事です。17の倍数で揃っているほうが美しいと感じるのが、理数アタマなんです。

倉山 つまりは、他が全部17なのに、103は仲間外れだから気持ち悪いわけね。

平井 そういうことです。103が大きい素数だからといって「おおっ」とならないのは、数学や理系の人が普遍性を大事にするからです。つまり、**コアメッセージ③「全体像をつかめ！」**ですね。

理系の人たちは、あるモノが別のモノにも当てはまるときに快感を覚えます（笑）。つまりすべてに通じる法則をつくりたいんです。だから、17が多くの歴史的な法律に適用されてきたと聞いたら、それで統一されていたほうが美しい。

例えば、物理の世界では、世の中のことすべてが1本の数式で表せないかと研究しています。大は宇宙、小はミクロの粒子まで、モノでも波でも熱でも、世の中のことすべてを1本の数式で表したいと。

倉山 だからUniverse。Universeには世界とか宇宙とかすべてって意味があるよね。この世界、宇宙、すべてを説明しようとする人たちが集まる場所だから、University。日本の大学にそんな気があるかどうかは知らないけれども、世界的にはそういう建前でUniversityは成り立っている。

平井 はい。学問とは、数学にしろ物理学にしろ、あるいは憲法学や歴史学にしろ、何かを体系的に説明しようとしているという点では共通していると思います。

物理学には、ニュートン力学や電磁気学、量子論や相対性理論など、いろいろな分野がありますが、それらをまたいで、どんな分野でもつなげられるような数式ができないかと、普遍的な原理を求めている。それと一緒で、憲法の話も、全部が17の倍数になっているから美しいと感じるのだと思います。

倉山 学問というのは真理を説明することだから、そうでなきゃいけないんだよね。理系とか文系、数学者とか歴史学者とか専門はあってしかるべきだけれども、自分はこっちが専門だからあっちは知らなくていいとか言っちゃいけない。

平井 普遍性の追求は当たり前と言えば当たり前ですよね。

倉山 科学者で哲学者という人って多いもの。デカルト、パスカル、カント。

平井 アリストテレスやガリレオ・ガリレイ、ジョルダーノ・ブルーノなどもそうですし。

倉山 数学・科学というのは、実は哲学の一手段。というより、ほかの学問も全部そうなんだよね。Ph.D.（博士）ってラテン語の Philosophiae Doctor からきてて、英語は Doctor of Philosophy。文字通りには哲学博士だしね。数学だろうが工学だろうが医学だろうが、全部「哲学博士」という建前。

平井 そうですね。それに、高校から大学に進むに従って理論

が厳密になっていき、それに伴って、だんだん哲学に寄っていきます。僕が大学生のときに聞いて腑に落ちた話なんですが、高校から大学に行くと、生物が化学っぽくなって、化学が物理学っぽくなって、物理学が数学っぽくなる。では数学はどうなるかというと、哲学っぽくなると。確かに、数学で新しい定理を見つけたり、何か新しい分野を切り開くときというのは、独特の感性だったりとか、独自の発想とか閃きのような、理屈で語れないところに鍵があるそうです。

倉山 だから理系の人から見たら、日本国憲法も、結局、「気持ち悪い」と、そういう感覚なんだね。

平井 ちなみに、僕は数学好きの集まるイベントで、しれっとこんなことを言ってみました。「日本国憲法は103条あって、17の倍数の102に1個加えているだけなんです。だから、なにかのきっかけで1条削ってもいいんじゃないかと僕は思いますけどね。あはははは」って。

すると、普段はノンポリで護憲にも改憲にも興味がない人でも、反発せず受け入れてくれたように思います。「日本国憲法はメイド・イン・アメリカだから、日本人の手で作り替えたほうが良いですよね」と言っても、歴史や法律に興味がない人にとっては、何が問題なのかわかりづらいそうです。今の自分の生活に差し支えないからいいじゃないかと。

倉山 そういう言い方が通じる人にはその言い方がいい。本気

で説得しようと思ったら、人によって言い方を変えたほうがいいよね。ただ一本調子に「占領憲法を変えろ！」と言っても通じる人と通じない人がいる。

平井 「17の倍数じゃないから改正する」では、たぶん政治や歴史など倉山先生の専門の世界ではNGでしょうけど、ふだん憲法に興味を持っていない理系の人に「日本国憲法って何か違う」と思わせるきっかけにはなります。そのゼロから1というか、もしかしたら、ゼロから0.1ぐらいかもしれないですけど、それがパッと伝えられる話なので、よく使っています。

√帝国憲法の第1章と大宝律令

平井 17の倍数と言えば大宝律令も、「律」6巻、「令」11巻、律と令を足して6 + 11 = 17になっているという話を聞いたのですが、これは倉山先生、どうなんですか？

倉山 「律」と「令」は「律」が刑法で「令」が民法および行政法です。おそらく足して17であるというのは偶然ではなく、間違いなく意識しているよね。

平井 ほぉぉ。やっぱり意識して17をわざと作っている。

倉山 17というのは古事記の神様の数だとか、いろいろな説

がありますけれども。では、古事記の神様（下図参照）の数を17にしたのはなぜかと考えたくなるよね。日本人は昔から、なんとなく17という素数が好きだったということなのかなあ。

《古事記の神様》

《別天津神》
○天之御中主神・○高御産巣日神・○神産巣日神
○宇魔志阿斯訶備比古遅神・○天之常立神

《神世七代》
○国之常立神
○豊雲野神
♂宇比地邇神・♀須比智邇神
♂角杙神・♀活杙神
♂意富斗能地神・♀大斗乃辦神
♂淤母陀流神・♀阿夜訶志古泥神
♂伊邪那岐神・♀伊邪那美神

平井 この話は普段「日本人が最も大切にしてきた素数」というタイトルで話すんですけど、倉山先生にそう言ってもらえると、説得力がありますね。日本国憲法は17の倍数102にわざわざ1を足して、無理やりずらしてるから気持ちが悪い。それは理屈じゃなくて、美意識に反するんですよ。

倉山 審美眼に適う美しさが大事なんだね。

平井 はい。

倉山　それ、将棋の羽生善治さん[4]が同じことを言っているね。

4　将棋界の顔。史上初の永世七冠として国民栄誉賞を受賞。引退後に十九世名人を名乗る予定。

平井　へえ〜。

倉山　結局、将棋というのは、どちらが先に相手の王様の首を取るかというゲーム。詰将棋[5]は完全に計算だし、普通の将棋でも終盤は完全に計算になるんだけれども、そこに行くまでの一手一手というのは美しいと感じるかどうかなんだって。特に勝負の分かれ目の一番難しい局面では、感性が大事になる。

5　将棋盤上に一定の駒が配置され、王将を詰めるための方法を考えるパズル。普通の将棋と異なり、王手のみを繰り返さなければならないなどのルールがある。実践力を磨く将棋の練習問題。

平井　はあ。そういう領域になるんだ。

倉山　それに数学者の藤原正彦さん[6]も似たようなこと言っていました。真善美と言うけど、結局、何が正しいかというのは、子どものときに何を美しいと感じるかの教育によるともよく言われる。

6　お茶の水女子大学名誉教授。エッセイスト。著書『国家の品格』（新潮新書、2005年）165〜173頁「天才を生む土壌には3つの共通点がある」とし、その第1条件として「美の存在」を挙げている。あとの2つは「跪く心」「精神性を尊ぶ風土」。

倉山　一知半解な人は囲碁は戦略ゲームで、将棋は戦術ゲームだと言うんだけど、囲碁だって戦術は大事。切り合いが

強くない人は絶対に一定レベルから上に行かない。だから、私、弱いんですけど。

平井　そう…なんですか？（反応に困る）

倉山　将棋にしても戦術ゲームと言われながら、実は、戦略上の大局観が大事でね。羽生さんより一つ前の世代の大棋士である谷川浩司さん[7]の本に『大局観が勝負を決める』（日本放送出版協会、1988 年）という本もあるぐらいだからね。大局観と言うのは、戦略の上位概念。世界観と言い換えてもいい。

7　14 歳でプロに。史上最年少の 21 歳で名人となる。引退後に十七世名人を名乗る予定。

平井　つまり、この本で言うところの**コアメッセージ③「全体像をつかめ！」**ですね。

倉山　よく、子どもには囲碁と将棋のどっちをやらせたらいいですか、と聞かれるんだけど、結論から言うとどっちでもいい。結局、囲碁だろうが将棋だろうが、どちらかを極めた人がすごいのであって、2 択じゃない。

平井　自分に合っているほうをやればいい。

倉山　そう。両方できる人もいる。囲碁の棋士にも将棋ができる人が多いし、将棋の棋士も囲碁が強い人が多い。
　　　ところで、将棋が早く普及する国ってね、実は、チェスが普及している国なんだよ。

平井 へえ〜。チェスがあるからダメということはないんですね。

倉山 チェスが普及している国のほうが、どうも感性が合うらしい。しかも、微妙に違うところがまたいいみたい。チェスにはないルール、取った駒を使えるというところに興味を持ってくれる。

平井 ゲームが一段とクリエイティブになりますよね。

倉山 話を戻すと、囲碁と将棋どっちをやらせるべきか？ の結論は、子どもが好きなほう。

平井 なるほど。

倉山 野球をやらせるべきか、サッカーをやらせるべきかと同じでしょ。

平井 好きなほうですよね。

倉山 平井さんも、お子さん、できましたが。

平井 うちの子、何が好きなんだろうなあ？（笑）

倉山 いろいろやらせてみなきゃダメなんだよね。

平井 話を大宝律令に戻しますと、大宝律令17 = 律6 + 令11は意識して行ったことだというわけですね。

倉山 間違いなく意識している。帝国憲法の第1章と同様にね。

√ベン図と憲法

平井 ところで、ベン図って、ご存知ですか？

倉山 知らない人がいると思うので解説してください。

平井 ベン図というのは下図（ベン図例1）のようなものです。集合を表すときに使うんですが、丸の中が偶数だとすると、ベタの部分は奇数になります。名前を聞いたことがなくても図にはなじみがあると思います。ちなみに、形が四角と丸なのは、見やすさだけなので、特に意味はありません。丸と丸でも構わないです。

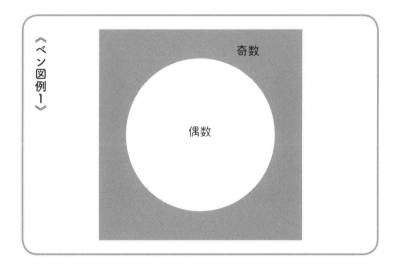

《ベン図例1》

倉山　これをベン図という！

平井　名前はともかく、図自体は誰でもわかりやすいと思います。下図（ベン図例2）はAが2の倍数で、Bが3の倍数だとすると、重なった部分Cは6の倍数、みたいに使います。

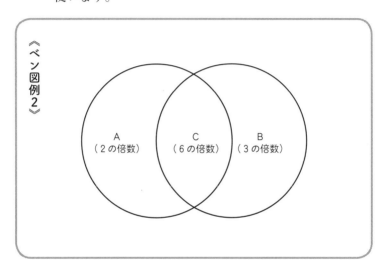

倉山　ちなみに「ベン」はどういう意味？

平井　イギリスの数学者ジョン・ベン（John Venn, 1834～1923）によって考案されたのでこの名前があります。

倉山　それで？　ベン図と憲法、どういう関係があるの？

平井　憲法と憲法典の関係を説明するときに使えるんですよ。憲法とは国の在り方や歴史、文化、伝統そのもので、そ

れを四角で表す。そのうち、国家体制などを条文で明確に示したものが憲法典ですから、憲法典を内側に描く。日本国憲法は条文がありますから、憲法典ですね（下図・憲法基本形）。

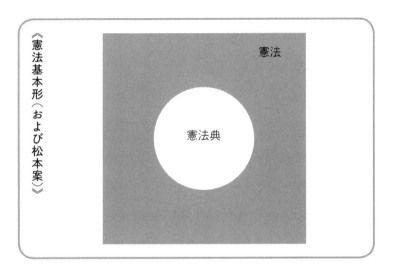

倉山 おおおっ。

平井 見た目にわかりやすいので、けっこう受けがいい。

倉山 これで説明して、理系の人、わかるわけね。

平井 理系でなくても、たぶん小学生でもわかります（笑）。

倉山 日本国憲法が伝統を否定するところから始まっているということも、これで説明できるね！つまり、先の項で日本国憲法の話が出たけど、なぜ103条かというと、伝統

をぶった切るところから始めている。

　私がベン図を描きましょう。まず平井先生が描いてくれた図を基本形とします。憲法の中に憲法典がある。

平井 理想形ですか？

倉山 いや、理想とは限らないから、一般形。そして、一般的には、憲法の中にある憲法典の丸が大きい（下図・憲法一般形）。憲法典にあらかた書き込んでしまえという感じ。

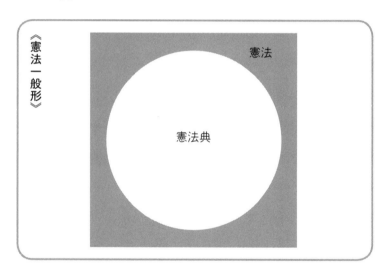

平井 一般形は基本形（日本の憲法）に比べて丸が大きいんですね。

倉山 そうそう。憲法典は、外側の四角に近い丸になる。その

憲法典の丸を極端に押し広げて、行きつくところまで行ったのがアメリカの場合（上図・アメリカ憲法）。

平井　(笑)。全部文字にしてしまうということですね。憲法典に書いていない憲法がない？

倉山　全部、憲法典に書き込まないと気がすまないという感じに近い。ただし、コモン・ロー（common law、伝統法、慣習法）がある（図・アメリカ憲法下部）。新大陸に渡ってくる以前のイギリス本国で培われてきた伝統法であり、元をたどればローマ・ギリシアにも遡るもの。

平井　ふ〜ん。

倉山　この伝統法を認めるのがアメリカの保守。オバマ前大統

領などは、これを一切、認めず、文字に書かれたものがすべてだという立場でした。全部白く塗りつぶそうとした(苦笑)。アメリカの中でもこのように対立があります。

平井　それじゃあ「自国に対する憲法押し付け」ですね（苦笑）。

倉山　イギリスの場合は、憲法（四角）があって、その中に1つの「憲法典」があるのではなく、判例や歴史的文書、憲法的法律などいろいろなものが入っています（下図・イギリス憲法）。例えば議会法などは、ただの法律ですが憲法的法律としての扱いを受けます。また、原則や慣習といった不文の法が憲法習律として重んじられます。イギリスの憲法と憲法典については『嘘だらけの日英近現代史』（扶桑社、2016年）の第1章第3節に詳しく書いていますので参照してください。

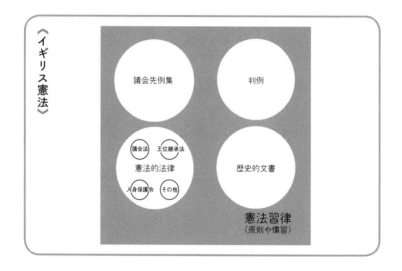

平井　はっきり言って訳がわからないです。

倉山　だから世界中、誰も真似できない（笑）。

そして、日本の場合、帝国憲法は図・憲法一般形の憲法典の丸が小さいタイプ。普通の国は憲法典がかなり大きいんですが（図・憲法一般形）、帝国憲法は簡文憲法、簡潔な文章なので丸が小さいのです。そして、現行の日本国憲法はどうなっているかというと、日本古来の憲法がベタの四角とすると、右側の白い四角（下図・日本国憲法ベン図）。

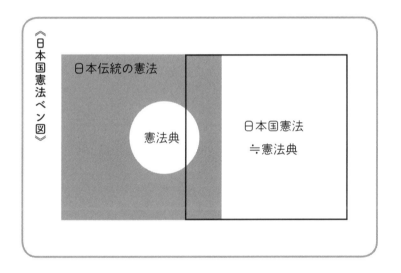

平井　う〜む、なるほど。全然違うところにあるんですね。

倉山　大幅にずれている。17の倍数（102条）にしたくないので無理やり1条を足して103条にしてるところから始

まって、ことごとく「新しい歴史を始めるんだ」という意思表示をしている。かと思えば、わずかだけど、古来の伝統とかぶっているところがある。そういう部分もあるので注意しないとね。

平井 わかりやすい。

倉山 例えば、日本国憲法は帝国憲法の改正憲法の体裁だから、章の並びは同じなんですよ。間に帝国憲法にはなかった第9条や地方自治をぶっこんだりしているけれども。
帝国憲法でも現行憲法でも、第1章は「天皇」です。帝国憲法の第2章は「臣民権利義務」だったのが、日本国憲法では第2章に「戦争の放棄」すなわち第9条が入って、第3章に「国民の権利及び義務」が来る。その後の章は、立法府、行政府、司法府で両憲法とも同じ順番。さらに、今の日本国憲法・第5章「内閣」は憲政の常道の成典化です。

平井 わざわざ条文にしたということですか。

倉山 そう。そういうものもあるので、かぶっているところも見抜かないと憲法論議にならないのです。

平井 日本国憲法を否定してしまう人は、両憲法の共通点は全然なくて、まったく別、異次元空間にあると思っていますよね。

倉山 占領期の憲法制定過程について調べると、右図のように完全に別のものにはさせなかったことがわかるよ。

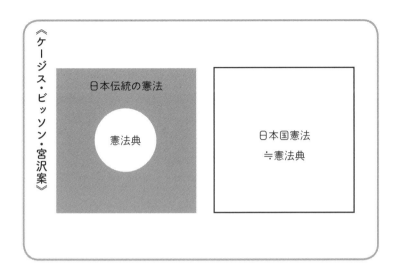

平井　日本人の中にも、ちぐはぐな憲法にしようとした人がいるわけですね。

倉山　宮沢俊義[8]という人だけどね。ケージス、ビッソン[9]、宮沢らは明らかにこれを狙っていたんだけど、そうさせなかった人もいたから図・日本国憲法のようになったわけ。

平井　そうさせなかった人とは金森徳次郎ですね。

倉山　金森徳次郎や松本烝治[10]。彼らは基本形でいこうとしたんだけれど、宮沢やビッソンやケージスはまったく違うものを作ろうとした。しかし、金森たちの抵抗で現行憲法にとどまったということ。

8 東京帝国大学法学部教授。戦後は、日本国憲法の成立にも関わり、その際はGHQに媚びた態度を取る。「日本国憲法とはこういうもの」と現在の私たちが描くイメージはこの人の解釈の普及版。また、戦前日本（および帝国憲法）と戦後日本（および日本国憲法）の断絶を強調したのもこの人。

9 Charles Louis Kades と Thomas Arthur Bisson。両者ともGHQ民政局の一員。日本国憲法制定に深く関わる。GHQにも様々な部門があり一枚岩ではないが、民政局は社会主義志向の強い部門であった。

10 金森徳次郎は戦前に大蔵官僚、戦後に吉田内閣の憲法担当国務大臣を務めた。初代国立国会図書館長。1946（昭和21）年6月25日衆議院本会議で「日本の国体」は変わっていないと答弁。
　松本烝治は幣原内閣の憲法改正担当の国務大臣。憲法草案作成の中心人物であったが松本案はGHQに拒絶された。

平井 ベン図を使うと説明しやすいでしょう？

倉山 確かに、このベン図、すごくいいよ。

平井 これが、**コアメッセージ②「可視化せよ！」**です！
　僕はかつて、憲法とは歴史伝統文化に則（のっと）っているべきである、という話を初めて聞いたとき、ものすごく感動したのです。条文を作るにあたって、何を踏まえなければならないのか。それは日本の歴史伝統文化だと。今思えば当たり前の話なんですが、その当時は、それすら、わかっていなかった。
　今、自分が教える立場に立って、いかにわかりやすく説明するかということに日々、取り組んでいます。

倉山 ビジュアルにすると、教えやすくなると。

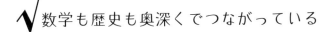
数学も歴史も奥深くでつながっている

平井 突然ですけど、倉山先生、3 + 4×5 の答えってわかりますか？

倉山 23でしょ？

平井 そうです。でも今、無意識に足し算・引き算より、掛け算・割り算を優先して計算しませんでした？

倉山 それがどうかしたの？

平井 なんで、足し算・引き算より、掛け算・割り算を先に計算するかご存知ですか？

倉山 説明して。

平井 簡単にいうと、それが自然だからです。例えば、財布の中にたくさん入ってる小銭を数えるときって、どうしますか？ 普通、1円玉はこっちに置いて、5円玉はあっちに置いて……、まずは種類別に分けると思うんです。そして、種類別に枚数を数えます。100円玉が2枚で、10円玉が3枚で、1円玉が4枚あったら、合計234円だな、というふうに。

これは数式に直すと 100×2 + 10×3 + 1×4 となりますが、これだと見づらいですよね。でも、掛け算を先に計算して、200 + 30 + 4 としたら見やすくなる。

倉山　なるほどねぇ。

平井　10進法で記述するのも、人間の指が10本だからです。10は人間にとって特別な数字ですが、自然界にとっては特別な数字ではありません。
　　　つまり、数学も歴史を踏まえながら、人間が使いやすいように作り替えているんですね。憲法がその国の歴史伝統文化を踏まえて、積み上げた歴史でできているなら、数学も同じです。歴史を学ぶことも数学を学ぶことも、実は、奥深くでつながっているということです。

倉山　数学も日常生活に役に立ってるという、良い例だね。

平井　結局、数学も憲法も歴史を踏まえているかが大切だと思います。

倉山　その通り。

平井　「17の倍数の条文からなるのが日本古来の憲法であって、日本国憲法は17の倍数じゃないから伝統から外れているんだよ」と。憲法になじみのない人には、まず、そこから入ってもらいます。そして、日本国憲法のおかしさとか、日本の憲法としてどのようにそぐわないのか、わかりやすく説明するためにはベン図が最適です。誰でもわかりますから。
　　　数学では図を描かないと解けない問題が多いのです。なにか頭の中のモヤモヤとしたものがあると、必ず図にしようとするんです。式にする。図にする。絵にする。図

形にする。僕たち数学に親しんでいる者にはそういう習慣があります。つまり、「可視化」が重要なんです。

ただ、数学で使われるこのビジュアル方式が別の分野に応用されていないのを常々残念に思っていました。ベン図は数学の集合で使うものですが、理系の人には、ベン図が歴史にも使えるという発想がありません。だから、僕は、視覚に訴えかける数学的図式を、積極的に歴史ほかの異分野に取り入れていこうと思っているのです。

√フランス革命　〜間違った理数アタマの極み〜

平井　ほかにも「理系ネタ」と呼んでいるものがいくつかあって、前項の「ベン図と憲法」もそうなんですが、「フランス革命」でも理系ネタを使いながら歴史の話ができます。なかなか受けがいいんですよ。

倉山　ほう。

平井　フランス革命は有名なので、大なり小なり、みんな知っています。歴史に縁遠い理系の人でも「フランス革命」という単語を聞いたことがないという人は、さすがにいません。

ここで僕が好きな話は、このとき単位が決まったというものです。有名なのはメートル法ですね。北極と赤道の

間を1000万個に分割した長さが1メートル、北極点から赤道の1万分の1が1キロメートルだと。

倉山 そうだったんだ。初めて知った。

平井 それは物理の話題で出てきます。実際の地球は山あり海底ありで、完全な円形ではなく、グニョグニョ曲がっているので、真ん丸だと仮定して計算しなければなりません。ということで、今はもっと厳密な定義があるんですけどね。

それはおいておくとして、フランス革命というのは、伝統と理性の戦いという側面があるそうで、理性で単位を決めてしまえと、ずいぶん乱暴な所業を行いました。1週間を10日に、1カ月を30日に、1年を360日にと。さすがに1年を10カ月とすることはなく、12か月のままでした。さらに、1日が10時間で、1時間が100分で、1分が100秒。要するに10の倍数できれいに片づけようとしたんですけど、それが、あまりに使いづらくて、結局、元に戻ってしまいました。

倉山 実は、それは理性でやっているようで、最も非数学的なことだった。

平井 そうなんです。実利性や感性を無視しちゃっているんですよ。

倉山 自然法則にも反している。決めている本人は理数アタマのつもりだけど、実は最も理数アタマから遠いという話

ですね。

平井　はい。結局、メートルだけ使いやすくて残ったらしいです。やっぱり、歴史や伝統を踏まえない改革というのは、何事も続かないというのを感じますし、この辺も理系の人にわかりやすいタッチみたいです。

倉山　実は理系の人というのは感性を大事にする。

平井　ちゃんとやっている人はそうだと思います。美しさとか。

倉山　ちゃんとやってないヤツがフランス革命のときのロベスピエール[11]みたいになっちゃうのね。ルソーやマルクスも同類。

11　恐怖政治家の代名詞。自分が気に入らない人物を片っ端からギロチンで殺しまくり、最後は自分も断頭台の露と消えた。

平井　そうですね。

倉山　ひどい話だけど、フランス革命では、何人殺さなければならないノルマの話も出てきますね。彼らは「何人をどれだけ合理的に殺すか」という点で必死に努力するんだけど、そもそも、その目的である「殺すこと」の合理性がどこかに飛んでいっている。

平井　そのとおりですよね。

倉山　「100人殺すためには〜」と一生懸命考える。大砲で殺したらギロチンより早いじゃないかとか。でも、殺すことに合理性があるの？　なんで殺さなきゃいけない

の？　そこに発想が及ばないのが大問題です。

ナチスも結局そう。いかに多くのユダヤ人を合理的に殺すかと、ドイツ人は一生懸命に考えたんだけど、まずユダヤ人を殺すことの合理性を考えたらどうかと思うよ。つまり、やってることに目的合理性はあるけれども目的そのものの合理性がない。

平井　与えられた目的に対して、盲目的にその手段を講じるというのではいけませんよね。

倉山　目的そのものの合理性を問うのが真の学問であって、目的合理性しか考えないのは支配されている人の思考法ですよ。目的そのものの合理性を疑うこと、それが、哲学なわけです。数学だろうが医学だろうが歴史学だろうが、本来はそこが一番大事なはずなんです。

歴史学の一分野に国民国家論というものがあるけど、国民国家がいかに悪かという議論だけが許されるんだよね。結論ありきで、まさに支配されている人の学問。

平井　なるほど。医学でも、人の命を救うのが本当にいいことかみたいな議論もあります。例えば、安楽死の問題とか。

倉山　命といえば、私、こう見えて、大学で生命倫理を教えていたんですよ。

平井　そうなんですか⁉

倉山　救急救命士になる人たちの学科で生命倫理を担当していたのです。今、着床前診断とかあるでしょ。母胎にいる

ときに障害児かどうかわかる。それを診断する技術は進歩していますが、そもそも診断することが善なのか、悪なのか。また、妊娠のかなり早い段階で胎児の性別がわかるけれども、性別がわかることが果たして良いことかどうかと。本来の医学って、そういうところを考えるものだよね。あくまで、技術は技術であって、技術は学問の一手段に過ぎません。まさにそれが狂ってしまったのがナチズムだよね。

平井　とおっしゃいますと？

倉山　アーリア人種の子孫だけが、人類としての尊厳を持っているのであって、ユダヤ人というのはこの世で最低のヤツだと。だからユダヤ人は皆殺しにしていくし、ゲルマン民族の美男美女をかけあわせて、集団結婚を進めたら、人類最高の民族が生まれると本気で信じていたわけですよ。

平井　「理想的なゲルマン民族とは、ヒトラーのように金髪で、ゲッベルスのように長身だ」などという冗談を聞いたことがあります。でも、ヒトラーもゲッベルスも金髪でも長身でもなかったとか。

倉山　自分たちの容姿を民族の理想にしなかったのはいいけど、理想的な人類などというものを勝手に考えて、それを実行してしまうというのはグロテスクだよね。
　　　それに、やたらと健康というものを推し進めて、今の禁

煙運動もその流れだからね。

平井 あ、そこからきているんですか。

倉山 元をたどれば。ナチスはやたらと健康にこだわった。ナチスはユダヤ人を殺しただけじゃないんだよね。身体障害者や同性愛者も「生きるに値しない命」のカテゴリーに入れて収容所送りにした。

以前、ドイツに行ったときに見た碑文の中に、「ナチスが『生きるに値しない命』[12] などと以下の人たちに対してひどいことをしました。ユダヤ人の皆さん、ロマ人の皆さん、身体障害者の皆さん……」と被害者リストがズラーッと並んでいましたよ。

12　1920年に刊行されたドイツの法学者カール・ビンディングと精神科医アルフレート・ホッヘの著作『Die Freigabe der Vernichtung Lebensunwerten Lebens(生きるに値しない命の根絶の許可)』で初めて用いられた言葉。その2年後、精神病者を絶命させる法案が刑法専門誌に掲載される（ジョルジュ・ベンスサン『ショアーの歴史　ユダヤ民族排斥の計画と実行』白水社、2013）。ナチスの政権掌握はその11年後のこと。「生きるに値しない命の根絶」が実行されたのはナチス時代だが、実はナチスの発案ではない。

倉山 結局、目的そのものの合理性を考えないと、支配されていることにもなるし、学問にもならない。その最大悲劇の1つがナチズムだよね。

平井 すごく深い話ですね。

倉山 その生命倫理の授業、予定では13回だったんだけど、終わらなかったもんね。毎回、違うテーマを扱ったけど、問題は山のようにある。

唐突ですが、イタリアの児童文学にピノキオという深い作品がありますね。

平井 ピノキオ？　木の人形の話ですよね。自分で動けて、話もできる。

倉山 最後に「ピノキオは人間になれました」と終わるんですが、石ノ森章太郎『人造人間キカイダー』[13]のラストシーンもピノキオなんですよ。

13　石ノ森章太郎原作のマンガ作品および特撮テレビシリーズ。主人公のジロー（キカイダー）は人造人間。不完全な「良心回路」を持つロボットだったが、最後に「善」と「悪」両方の心を持つこととなり、「人間と同じ」になった。

平井 え？

倉山 最終回のラストのページで、「ピノキオは人間になりました。メデタシメデタシ」で絵本を閉じる。そして最終コマで「…だがピノキオは人間になってほんとうに幸せになれたのだろうか……？」のセリフを背に、主人公がどこかに去っていく。

平井 ええ〜⁉　ものすごく最後の１コマに思いを込めてますね。

倉山 そう。その最終ページで、すべてがわかるというね。

平井 すごい。人間になるのが目的だったけど、その合理性について、ピノキオは考えられなかった。

倉山 だから、生命の尊さは石ノ森章太郎『人造人間キカイ

ダー』で……。

平井　……学べますね。

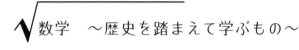
√数学　〜歴史を踏まえて学ぶもの〜

平井　さて、第1章も最後の節となりました。

倉山　本章のまとめですね。御高説を！

平井　僭越ではありますが、まとめとするならば、数学も歴史も根っこのところではつながっているし、分野ごとにバラバラに分けて学べないということです。
「数学なんて勉強しても将来役に立たない」なんて言う生徒がいますが、僕は子どもの頃になぜ歴史を学ぶのかわかりませんでした。

倉山　歴史にしても数学にしても、苦手な人が「なんで学ばなきゃいけないのか」と思う。でも、数学がなかったら、例えばテレビとか、できないよね。

平井　そうですよね。数学がなかったらテレビもできないし、今ある生活がかなり不便になると思いますよ。

倉山　多くの人が毎日使うコンピューターも、日本語に訳すと電算機だもんね。

平井 そうです。社会系の科目の授業中にこう言うことがあります。「今、この部屋を見渡して、電気なしで作られるものを探してごらん」と。1つもないんですよ。机も椅子も時計も壁も、電気なしで作れるものは1つもないんです。「だから発電所は実はすごく大事なものなんだよ」と、エネルギー問題に話をつなげられます。また、「モノを作るためには自然科学が必要で、自分たちの生活が実はすべて自然科学の恩恵を被っているんだよ」と話して、理工学の世界へもつなげられます。

つまり、個人的に数学を使わずに生活する人はいるんですけど、世の中は数学や理科がないと絶対に成り立ちません。

理系の人も専門だけ学べば良いと思ってしまうと困りますが、文系の人にも数学や自然科学に興味を持ってほしいですね。

倉山 元をたどると、明治政府が文系理系って分けたのが失敗なんです。

平井 分けたんですか、わざわざ？

倉山 あなたの母校のせいですよ。

平井 ああ、どこかな？（笑）

倉山 文Ⅰ、文Ⅱ、文Ⅲ、理Ⅰ、理Ⅱ、理Ⅲと分けている大学がありますね。適塾[14]のままでいいものを、今のような大学にしてしまった。適塾のほうが総合的な学習と

いう意味でよっぽど University ですよ。

14　蘭学者・緒方洪庵が江戸時代末期に大阪に開いた私塾。大村益次郎、福沢諭吉など幕末・明治初期の逸材を輩出している。

平井　ふ〜む。それは悲劇ですね。先ほども話題に出ましたが、ガリレオ・ガリレイとか昔のヨーロッパの研究者には数学者であり哲学者であり天文学者であるなど、専門が簡単に言えない人がたくさんいますよね。

倉山　あ、それで思い出した。ガリレオ（16〜17世紀）よりは新しい時代になりますが、世界最初の近代経済学者と呼ばれるアダム・スミス（1723〜1790　スコットランド生まれ）、彼は自分のことを経済学者だと思っていません。

平井　え!?　ではなんだと？

倉山　ただの物知り。

平井　（笑）。そうなんですか？

倉山　彼の著作『国富論』が、あとから世界最初の近代経済学の本と言われるようになっただけであって、スミスには経済学者としての自覚はありませんでした。
『国富論』って本当は『諸国民の富の性質と原因の研究』（An Inquiry into the Nature and Causes of the Wealth of Nations）というすごく長ったらしい題名がついてるの。タイトルだけ見てもわかるように国家論です。正しく訳すなら『国策論』かな。この著作で、軍事と外交だ

けじゃなくて経済も国家経営には重要だということを説いた。それが前近代経済学とまったく隔絶した近代経済学だったというわけ。

平井　現代人からすると、まっとうなことを言ったということですね。おそらく、その時代としては画期的なことだったんでしょうね。

倉山　だから物知り。

平井　いろいろ知っているからこそ、そういう話ができるということですよね。

倉山　「オレは数学者だから歴史知らなくていい」とか「オレは歴史にしか興味ないから数学知らない」と言うこと自体が学問の姿勢としておかしいんですよ。日本以外の国は今でもちゃんとしてますよ。北朝鮮ですらね。むしろ、チャイナ、コリアのほうが、その辺、まだちゃんとしてるよ。

平井　日本はセクションに分けてしまい過ぎ？

倉山　なわばりを作りたがるんです。
　私が知る限り、少なくとも日本に来る留学生の中には学問は自分の趣味のためにやるという人はいなかったね。チャイナ、コリアでは優秀な学生は欧米に留学します。日本に来る学生ははっきり言って少しレベルが落ちて、ときどき例外的に優秀な学生もいるという程度。それでも学問とはなんぞやという意識に関しては、日本

人学生よりずっとマシ。根本的に日本のほうが遅れている。というか、もともと正しい意識があったのに、間違った方向に進んでしまったと言うべきかな。

平井 なるほどなあ。

倉山 チャイナ、コリアの留学生および研究者には国家や人類の役に立つことをやるのが学問だという意識がある。その結果、己の栄達があるんだという建前はわかっている。

平井 日本人の場合、その建前すらないと。

倉山 日本の研究者ってね、自分の趣味に走っているから。ま、理系でも数学って基礎部門だから「趣味で〜す」と言えるよね。

平井 「数学科出て、就職あるの？」と言われますね。

倉山 実は、数学と歴史って、分野は違っても、両方とも基礎部門で、遠いようで近いとも言える。今更ながら、今ここで平井くんと話している意味が感じられるね。まさに「全体像をつかめ」文理に通じたオールマイティ平井基之。
ということで、この本、私がいなくてもいいですね（笑）。

平井 いやいやいや、そういうことを言うの、やめてください。

第2章 有名中学校の入試問題は本当に偏向しているのか？

√偏向する中学入試問題

平井 第2章は、皆さんの関心が高い歴史教育について取り上げたいと思います。まずは中学入試の問題です。

倉山 すみません平井先生、なぜ中学入試なのでしょうか？

平井 逆質問ですいません。東大合格者の出身地のパーセンテージをご存知ですか？

倉山 いや、正確には……。

平井 東大合格者が多い高校をランキングにすると、上位15校のうち灘とラ・サール以外の13校はすべて関東近辺です。そして、全東大生のうち60パーセントは関東近辺の出身です。残念ながら、地方に行くと県全体から数名しか東大に合格させられない県がたくさんあります。

倉山 そして、都内で実績があるのは、私立中高一貫校ということですか？

平井 その通りです。都内や神奈川県では、公立高校よりも圧倒的に中高一貫校が強いです。東京では「御三家」と呼ばれる私立中高一貫校が有名です。男子御三家が開成、麻布、武蔵。女子御三家が桜蔭、女子学院（JG）、雙葉。しかし、御三家に対し「将軍家」のような立場なのが、筑駒こと筑波大学附属駒場で、他を圧倒しています。

倉山 他にも、「新御三家」とか、「神奈川御三家」とかいろい

ろありますね。

平井　受験業界に入ったときには、こういうことを真っ先に研修で覚えさせられました。こういう知識がないと、同業者にはもちろん、生徒のお母さんにもマトモに相手をしてもらえません。

倉山　こういう中学や高校に通う子が、将来の日本を作っていくわけです。いくら良いことを発信していても、受け取る側のことを知らないとうまく伝わりません。
　　　要するに、日本の仕組みの「全体像をつかめ」ということですね。

平井　その仕組みができた「過程に注目せよ」ということで、教育の現場の話をしたいと思います。日本の教育は偏向しているというイメージがあると思いますが、実態はどうなのか、あまり知る機会がないと思いますので、今回取り上げる 2017（平成 29）年の中学入試の問題を切り口に、有名校の実態をお見せしたいと思います。

⊗ 桜蔭中学校

平井　ということで、まずは日本一の名門女子校「桜蔭中学校」から見ていきましょう。

倉山　豊田真由子の出身校。

平井　いきなり（笑）。事実としてそうですけど、菊川怜さん

もいるじゃないですか。

倉山 桜蔭は「勉強が趣味みたいな子」と評判だからね。校風で、JG（女子学院）がいいという子も多い。

平井 でも、その代わり学力はズバ抜けています。女子校ではぶっちぎりです。女子なのに医学部に強いということでも有名です。その桜蔭の社会の問題ですが、2017年の桜蔭は思想的に偏向しているわけではないようですけど、地域的に偏向していて、なぜか富山県について長々と扱っています（笑）。

倉山 桜蔭は偏向なし？　なんだ、桜蔭いじりしたかったのに。つまらないなあ。

平井 「ユネスコ」とか「原爆被害を語り継ぐ『広島平和記念碑（原爆ドーム）』」とか左翼好みのワードは出てますけどね。

倉山 まあ、この程度でいちいち目くじら立てて保守商売するのはやめましょう。あ、でも、最後のほうに高齢化に関する政策の問題がありますね。

少子高齢化が大きな問題となっている。高齢化に対しては、高齢者が安心して暮らしていけるように、さまざまな政策が行われている。

倉山 高齢化しているから増税しなければならないと遠回しに

洗脳しようとしているんですかね。

将来、財務省に入って片山さつきさんみたいな立派な主計官になるように……。

平井　深読みし過ぎです（笑）。ちなみに旧姓朝長(ともなが)こと片山さつきさんの出身校は東京教育大学附属中学（現・筑波大附属中）です。旧姓は大蔵省の名簿で確認しました。でも、高福祉の社会を実現しようという意識は芽生えますよね。

㊟ お茶の水女子大学附属中学校

倉山　お茶大附属はどう？

平井　「お茶の水女子大学附属中学校」ですね。面白い問題がありましたよ。

ちなみに、「お茶の水女子大学」は女子大ですが、附属の幼稚園、小学校、中学校は共学なんですよね。でも、高校から女子校になる。

1　次の資料は、2016年5月27日に広島を訪れたオバマ大統領が、広島平和記念館を訪問した際に書き記した文章です。広島に関連する歴史について、あとの各問に答えなさい。

資料

We have known the agony of war.

Let us now find the courage, together, to spread peace, and pursue a world without nuclear weapons.
（日本語訳）「われわれは戦争の苦しみを知っています。われわれはともに勇気を持ち、平和を広めるために、核兵器のない世界を追求しましょう。」

平井　第1問から「オバマ大統領が広島平和記念館を訪問した際に書き記した文章」です。

倉山　おおっ、のっけから来てるねえ。

平井　オバマ演説の英語の原文があり、下にその日本語訳として「われわれは戦争の苦しみを知っています。われわれはともに勇気を持ち、平和を広めるために、核兵器のない世界を追求しましょう。」

倉山　なんで小6生に英語を読ませるんだよ。この気取った感じがお茶大だね。そして、問1。

問1　広島記念資料館の近くには世界遺産に登録された原爆ドームがあります。原爆ドームの周辺では原子爆弾により大勢の人がなくなりました。そのため、太平洋戦争が終わってすぐの時は、壊すべきだという意見が多くありましたが、最終的に保存されることになりました。そのおもな理由を<u>資料の日本語訳の中にある語句を使って</u>、書きなさい。

倉山　これで、「平和の大事さを広めるため」とかなんとか答えさせる？

平井　そういうことでしょうね。それにしても、なぜ、それをオバマ大統領の言葉から答えさせるのか。

倉山　属国根性ですよね。

平井　（苦笑）

倉山　でも、この平清盛を扱う問題なんかは、意外と良問だと思いますよ。

問５　図３は原爆ドームと同じく、広島にある世界遺産で、平清盛が海上の安全を祈った神社です。次の(1)(2)に答えなさい。
(1) 平氏は源頼朝を中心とする源氏に敗れ、滅びました。幕府を開いた頼朝は、武士たちとご恩と奉公という関係で結ばれていました。この時代の「ご恩」とは何か、「武士」という言葉を使って簡単に説明しなさい。
(2) 図４は、源頼朝に追われ、逃れた源義経が身を寄せた平泉にある寺院です。この寺院が平泉で開かれたころにつくられた建物として最もふさわしいものを、次のアからエの中から一つ選び、その記号を書きなさい。

※ 編集部注
図３＝厳島神社、図４＝中尊寺金色堂、ア＝平等院鳳凰堂、イ＝金閣寺、ウ＝日光東照宮、エ＝法隆寺

平井　知識も、思考力も必要だし、答えも導き出しやすくて良いですね。

倉山　桜蔭は富山県、お茶大附属は広島県というテーマで通史になっていますね。東大入試を意識しているのかな。

平井　あ〜、そうかもしれないですね。東大は１つのテーマで通史をやるのが好きですから。

倉山　東大は時空を超越した問題が好きですからね。

平井　そうそう、全然違う時代の共通点を見つけさせたりします。

倉山　その点、早稲田・慶應は悪問が多いよね。視野をもっと狭く！　と。

平井　ミクロに、ミクロに！

倉山　顕微鏡が大好き。逆に東大って望遠鏡が大好き。

平井　センター試験の日本史も望遠鏡っぽくなってきてますよ。今年の日本史B・第１問は「ゆるキャラ」についてのテーマ史でした。

倉山　もう顕微鏡の問題を出しつくしちゃったから。毎年、足利義教（よしのり）が出ていたり。誰か、マニアいたんか。

平井　倉山先生の大好物ですね。

倉山　まあ、お茶の水、あとが良問なだけに、冒頭の第１問、インパクトあるよね。

平井　強烈でしたね。

㊅ 豊島岡女子学園中学校

平井　でも、僕が一番面白いと思ったのは豊島岡女子学園中学校の問題です。

倉山　豊島岡、けっこう名門ですね。御三家に次ぐ？

平井　いや、女子御三家で言うと、桜蔭がトップランナーですけど、女子学院と豊島岡女子が同じかちょっと女子学院が上くらいかなぁ。雙葉はだいぶ凋落しているような気がしますね。

倉山　あ、そうなんだ。

平井　いずれにしろ、伸びているイメージのある豊島岡女子学園中学校の問題です。
　　　第1問にはさっそく憲法についての問題があります。その中の帝国憲法のくだりが面白かったですよ。

倉山　なになに？

　日本で初めての近代憲法は、1890年に施行された大日本帝国憲法です。ただし、この憲法は、権力分立の面でも人権保障の面でも現代的観点からすれば不十分なものでした。その後、第二次世界大戦で敗れた日本は、民主的な憲法の制定を要求する (エ)GHQの指示

に従って大日本帝国憲法を改正しました。こうして、国民が政治的な最終決定権を持ち、戦争を放棄し、基本的人権を尊重することを明記した日本国憲法が誕生したのです。日本国憲法では、国会・内閣・裁判所がそれぞれ立法権・行政権・司法権を持ち、権力の濫用を防ぐために相互に監視しあう関係となり、基本的人権は『侵すことのできない永久の権利』とされました。皆さんが男女の差なく教育を受け、職業を選択することが可能なのは憲法第14条や第22条、第26条がそれを約束しているからですし、多種多様な出版物やテレビ番組などを楽しむことができるのは、憲法第21条で表現の自由が守られているからです。

倉山　すごいな。最後にいけばいくほど、どんどん偏っていく。

平井　そうなんですよ。

倉山　ストライクゾーンのど真ん中から、大きく左に曲がってパスボール。キャッチャー、取れないですよね。

平井　帝国憲法のことを不十分だと言い切ってますからね。

倉山　その前には憲法改正の可能性について書いてあるね。

　日本国憲法が施行されてから、今年でちょうど70年となります。今まで一度も改正されたことのない日本国憲法ですが、昨年夏の参議院議員選挙の結果をうけ

て、(ア)改正の可能性が現実味を増してきています。

倉山　それについて問1。

問1　下線部（ア）について、自由民主党は平成24年に「日本国憲法改正草案」を作成しました。次にあげるのはその一部ですが、空らん（　あ　）・（　い　）にあてはまる語句の組み合わせとして、正しいものを後から一つ選び番号で答えなさい。

第九条　日本国民は、正義と秩序を基調とする国際平和を誠実に希求し、国権の発動としての戦争を放棄し、武力による威嚇及び武力の行使は、国際紛争を解決する手段としては用いない。
2　前項の規定は、（　あ　）権の発動を妨げるものではない。
第九条の二　我が国の平和と独立並びに国及び国民の安全を確保するため、内閣総理大臣を最高指揮官とする（　い　）軍を保持する。

1　あ　交戦・い　自衛　　2　あ　交戦・い　国防
3　あ　国防・い　自衛　　4　あ　自衛・い　交戦
5　あ　自衛・い　国防

倉山　なにこれ？自民党の改憲案を答えさせるの？　自衛軍・国防軍・交戦軍の3択？

平井　あっははははは。

倉山　すごいね。こっちのほうが面白い。自民党改憲案を答えさせるって、ある種、パズル。もしくは普通に左に曲がっていくカーブだね。絶頂期の杉浦忠[1]もびっくり。

平井　寡聞にして存じあげないのですが、いつ頃の人なんですか？

倉山　伝説となったのは昭和34年。あとは注釈で。

平井　なんでそんなこと知っているんですか？

倉山　日本人としての教養です（キリッ）。

1　立教大学で、長嶋茂雄・本屋敷錦吾と共に「立教三羽ガラス」と呼ばれる。のち南海ホークスに入団。下手から浮き上がる速球と大きく横に曲がるカーブが特徴。1959年には38勝4敗（勝率.905）という驚異的な成績で南海のリーグ優勝に貢献し、シーズンMVPとなる。迎えた日本シリーズでは巨人相手に第1戦から第4戦まで血マメをおして4連投、4連勝の大活躍で南海を初の日本一に導き、シリーズMVPに輝いた。

倉山　（以下、延々と野球の話のあと）豊島岡女子学園の試験問題に話を戻そう。問4もすごいね。

　問4　下線部（エ）について、このような制定の経緯から、「日本国憲法はアメリカによって押し付けられたものである」とする考え方がありますが、これに対し、「日本国民の意思で制定された」とする意見もあります。そのような意見の根拠として、正しいものを次から一つ選び番号で答えなさい。

1　日本国憲法の草案は、男女普通選挙実施後の帝国議会で審議し、修正・可決されたものだから。
　2　日本国憲法の草案は、日本の内閣が起草し、枢密院の議決を得たものだから。
　3　日本国憲法の草案は、国会での修正・可決をへたうえ、国民投票で過半数の賛成を得たものだから。
　4　日本国憲法の草案は、天皇の指示のもと内閣が作成し、国会で承認されたものだから。

平井　「日本国憲法は日本人の意志で制定されたものだ」という方向に、無理矢理持っていこうとしてますね。

倉山　これ、1を選ばせたいんだろうけど、すごい思想誘導だよね。

平井　ここまで見てきての印象で、豊島岡はわかりやすく偏向問題です。

倉山　ストレートに言わないで、客観・中立を装ってはいるけどね。

平井　ちなみに僕は、『誰が殺した？日本国憲法！』（講談社、2011年）という本を読んでいたので、正解を知識として知っていました。残念ながら、著者名は忘れましたが（笑）。

㊌ 雙葉中学校

平井 　昔ほどではないとは言え、女子御三家として名を馳せている雙葉は「平和を実現する世界のあり方」を目指しています。

倉山 　はあ（溜息）。

平井 　大問２では「日本には、年齢や性別、①人種や国籍の異なるさまざまな人びとが生活しています」があって……。

倉山 　それについて問１がある。

　　問１　下線部①について昨年、特定の民族や国籍の人びとに対する差別的な言動の解消をめざすための法律が成立しました。このような差別的な言動を、カタカナで何といいますか。

平井 　テレレ、テッテレー♪

倉山＆平井 　（ドラえもんの口調）ヘ・イ・ト・ス・ピ・ー・チ。

倉山 　すいません、なんでドラえもんになってるんですか、平井先生。

平井 　倉山先生だって、しっかり、ハモったじゃないですか。

倉山 　おっ、「③憲法は政治のあり方を定め、国民の権利を保障しています」。え、なになに？

問3　下線部③について、日本国憲法に定められていることとして正しいものを、次のイ～ニから一つ選び、記号で答えなさい。

イ　外国から攻め込まれた場合を除いて、決して武力を使ってはならない。
ロ　国民の権利は法律の範囲を超えない限り、十分に保障されなければならない。
ハ　緊急の場合、内閣には憲法の考え方を変更することが許されている。
ニ　天皇や、国務大臣その他の公務員は、憲法を守る義務をおっている。

倉山　まさか、「イ」と答えさせたいのかな。答えは「ニ」だよね。憲法第99条に公務員尊重義務について書いてあるんだけど、天皇が入っているかどうかなんて、憲法学者の私だって忘れる。少なくとも、帝国憲法にはこんなバカな条文はないから、覚えてらんない。日本国憲法でも「天皇の憲法尊重義務」なんて、学界で話題になることなんかない。

《日本国憲法　第99条》
　天皇又は摂政及び国務大臣、国会議員、裁判官その他の公務員は、この憲法を尊重し擁護する義務を負ふ。

平井　そうですね。

倉山　それで、選択肢「イ」が×である根拠はどうなってるの？

平井　銀本（『2018年度受験用　中学入学試験問題集　社会編』みくに出版、2017）では根拠についての説明はありません。「ニ」しか書いてない。

倉山　あっそう。これ、どうやって教えるんだろうね。今の政府見解、これなのに……。「ニ」が正解だから、他三つ不正解だよ、というのはダメな教え方。

平井　そうですね。1つ1つについて、ちゃんと根拠を示して正誤を判定しないと。

倉山　「ロ」と「ハ」については、明らかに説明ができる。「ロ」は、帝国憲法の法律の留保です。「ハ」は緊急事態条項といって議論されているだけで、実現されてはいない。
問題は「イ」なんですよ。これが間違いである理由は「攻め込まれた場合以外も武力を行使していいから」なのか、「攻め込まれた場合も武力を使ってはならないから」なのか。両方、考えられるよね。どっちで説明する？

平井　微妙だなあ。偏向問題作成者の意図としては「たとえ外国から攻め込まれた場合も武力を使ってはならないから」ですか？

倉山　恐ろしい解釈だけど、そういうことかな。
「外国から攻め込まれたら、武力行使をしてもいい」とする子を落とす問題。そうでなければ、「ニ」が絶対の正解だという丸暗記問題ですよね。極端な偏向問題であ

るか、最低の悪問です。

平井　たぶん単純に「武力行使はいつもダメなんだよ」ということだと思いますけど。

倉山　でも、この文章だと両方に解釈できるよね。

平井　う〜ん、どう教えるのかなあ。

倉山　イに関しては内閣法制局[2]の裁量次第です！

2　政府が提出する法律を、既存の法律と矛盾しないか、憲法に違反しないかを審査する役割を持ち、また現行憲法の解釈権を一手に握る。

平井　はははは。横畠さん（横畠裕介。第二次安倍内閣の内閣法制局長官）の言う通りになる。

倉山　そうそう。横畠さんが正解を決める！
　　　雙葉よ、この問題は思想以前に悪文悪問だ。だから御三家から滑り落ちるんだよ！

平井　（小声で）リアクションしない、リアクションしない。でも、後のほうの問題では、意外にも、ちゃんと「聖徳太子」で出てますよ。

問2　下線部②について、聖徳太子によって建てられた、日本で最初の世界文化遺産になった寺院はどこですか。

倉山　「聖徳太子」[3]などという単語を使っているから右傾化

している！　らしくない！（笑）

平井　厩戸皇子じゃない！　ダメじゃないか！　と。

3　「十七条の憲法」を制定したことで知られる聖徳太子。隋の煬帝に送った「日出づる処の天子、書を日没する処の天子に致す……（原文は漢文）」という対等外交の国書も有名。30代以上の日本人には一万円札の肖像でもなじみが深い。この古代日本を代表する偉人について、「聖徳太子」が存命中の呼称でないとする左翼系の学者の主張が勢いを得て2017年2月には文科省が中学校の次期学習指導要領改訂案で「聖徳太子」を「厩戸王」に変更したが、学校現場に混乱を招く恐れがあるなどとして、結局、現行の表記「聖徳太子」に戻されることとなった。

⊗ 女子学院中学校

平井　女子学院中学校の問題も面白いです。女子学院は、通称JG（ジェイジー）。というか、女子学院よりJGって呼ぶほうが多いですね。女子御三家の二番手で麹町にあります。

倉山　男子でいうと、麻布といったところですね。

平井　はい。大学合格者数などを見ると麻布のほうがずっと上ですが。

倉山　麻布が上？

平井　だいぶ上です。

倉山　今、東大合格者数、何人ぐらい？

平井　麻布が96人で、JGが33人です。（『サンデー毎日』2018年4月1日号より）

倉山　まあ、十分ですけどね。

平井　そうですね。昔に比べたら下がったというだけで。

倉山　そんなことは良いとして、JG偏向してた？　うわ、なんですか、この絵は？　インパクトがありますね。

平井　すごいインパクト！　この本で**コアメッセージ②「可視化せよ！」**って言ってますが、可視化すると、良くも悪くも脳ミソにダイレクトに飛び込んできますからね。

これは、可視化の悪い例です。内容としては、大東亜戦争のことを悪く書いてあります。

[漫画A]

問3　次の漫画Aは、アメリカの新聞『ニューヨーク・タイムズ』1937年11月21日に掲載されたもので、当時の日本を風刺しています。

倉山　『ニューヨーク・タイムズ』が日本を風刺したマンガ？

（1）左目には「世界を無視」と記されています。それはアメリカから見て、日本のどのような行為を指していますか。2つ記号で答えなさい。

ア ブラジルへの移民を始めた　イ 国際連盟を脱退した
ウ 南樺太を領有した　エ 日露戦争を起こした
オ 日中戦争を拡大した

倉山　説明文に1937年に掲載された漫画だとありますね。正解は2つだから「イ　国際連盟を脱退した」と「オ　日中戦争を拡大した」ですね。この問題は普通だけど、次は？

（2）右目には「領土目当て」と記されています。1930年代に日本が支配地を広げようとした目的として、ふさわしくないものを1つ記号で答えなさい。

ア 資源を獲得して、産業を活発にするため
イ 移民をすすめて、国内の失業者を減らすため
ウ 支配地となった地域の人々を兵士にするため

倉山　この問題はすごいね、JG！（笑）
平井　風刺画の内容が正しい前提で設問を作ってますからね。

見事な誘導！

倉山 問6もすごいよ。「安倍内閣がマスコミを懲らしめる〜」と。

> 問6　次の資料C・Dを読んで、問いに答えなさい。
> 資料C（日本新聞協会編集委員会の声明全文　2015年6月29日）
> 6月25日に開かれた一部与党の若手議員による勉強会において、安全保障法制等に関する一部報道をめぐり、出席議員から「マスコミをこらしめるために広告料収入をなくすよう働きかけるべきだ」との発言があり、招かれた講師からも「沖縄の二つの新聞をつぶさないといけない」との発言があったことは、極めて深刻な問題である。特に与党の所属議員でありながら、憲法第21条で保障された表現の自由をないがしろにした発言は、報道の自由を否定しかねないもので到底看過できず、日本新聞協会編集委員会として強く抗議する。

倉山 出席議員とは長尾敬[4]のことですね。「招かれた講師」とは百田尚樹[5]でしょ。入試問題で百田尚樹たたきですよ。

4　自民党の衆議院議員。かつては民主党に所属していたが、離党し自民党に。
5　作家。著作『永遠の0』『海賊とよばれた男』は映画化もされている。

平井　その直後にある資料Dが、まさかの沖縄二紙『琉球新報』、『沖縄タイムス』からの引用です。

> **資料D（琉球新報・沖縄タイムス共同抗議声明より抜粋　2015年6月26日）**
> 戦後、沖縄の新聞は戦争に加担した新聞人の反省から出発した。戦争につながるような報道は二度としないという考えが、報道姿勢のベースにある。政府に批判的な報道は、権力監視の役割を担うメディアにとって当然であり、批判的な報道ができる社会こそが健全だと考える。

倉山　はあ〜、すごいなあ。どんな先生が作っているのかな。どさくさに紛れてすごいことする。感心してしまう。

平井　偏向していようがなんだろうが、東大に受からせたもの勝ちみたいなところがありますよね。教育内容がよくても、それだけでは評価されない。

⊗ 駒場東邦中学校

倉山　ところで、男子校では、面白い問題はなかった？

平井　駒場東邦に少し。

倉山　駒東ですか。御三家（開成・麻布・武蔵）レベルの名門校じゃないですか。

平井　駒場東邦は、今や、武蔵を上回っています。

倉山　他に上がってきている学校はどこなの？

平井　共学ですけど、渋幕（渋谷教育学園幕張）が伸びてきている筆頭ですね。

倉山　渋幕ね。渋渋（渋谷教育学園渋谷）の兄弟校ですね。

平井　渋渋も上がってきてますね。それから、筑波大附属も目立つポジションにいます。

倉山　筑波大附属も筑波大附属駒場も、筑波と名のつく学校はすごいよね。

平井　その駒東で吉野作造の民本主義を扱った問題があります。

倉山　うん。なになに？　史料4は『中央公論』に寄せた吉野作造の論文『出兵論といわれる考え方にどのような根拠があるか』というシベリア出兵のときの話ですね。

史料4
私（吉野作造）は必ずしも出兵に反対しているわけではありません。ただ、兵を立ち上げることは、ありふれた平凡な言葉ではありますが、国家の一大事であります。最大限に慎重な考えと議論をふまえたあとに、はじめて出兵をゆるすべき問題であります。……いったい日本がシベリア（ロシアの東部）に出兵するとすれば、どのような目的をもってするべきでしょうか、

私が考えられる目的は少なくとも3つあります。ひとつは、日本を守るためです。もうひとつはロシアを助けるためです。最後は連合国（アメリカ、フランス、イギリス）の共通目的を助けるためです。……

倉山　さすが、吉野！

平井　う〜ん。いいことを言ってますね。
　吉野作造って、聞きかじった知識しかないと、「皇室に反対した悪い人」というイメージを持っちゃったりしますけど、ちゃんと勉強すると立派なことを言っているなと気付きます。まあ、この辺りはほとんど倉山先生の受け売りなんですが。

倉山　これは憲法9条平和主義の思想だとでも言いたいんでしょうか（笑）。
　それで、この史料を読んだあと、どんな問題が出るかというと。

（i）表4によると、米の値段は1917年ごろから上昇をみせ、史料3・史料4が記された1918年には大きく上昇しています。この時期には米をはじめとして、さまざまな物の値段が上昇しました。その背景には世界を巻き込んだ戦乱があり、日本の輸出が増え、景気がよくなったことが関係しています。1914年から起こったその戦乱とは何ですか、漢字で答えなさい。

平井 「……1914年から起こったその戦乱とは何ですか」

倉山 第一次世界大戦。それは、別に史料を読まなくてもできるよね。

平井 はい。

倉山 問題 iii は。

（iii）米の値段が大きく上昇した1918年ごろの状況について説明した文として誤っているものを、表4・史料3・史料4を参考にしながら、次のア～エから1つ選び、記号で答えなさい。

ア 1918年に米の値段が上がって混乱が大きくなったあと、1919年前半には米の値上がりは一時的に落ち着きをみせたが、その後1920年にかけてふたたび上昇した。
イ 当時は米を求める声が高まっており、一部の米屋や資産家が米を買いしめたり、意図的に高く売ったりするのではないかという心配があった。
ウ 米をめぐって起きた運動が、各地で警察や軍隊によりしずめられたため、生活を守るための運動や普通選挙を求める運動などはそのあと下火になった。
エ 当時は日本が外国に軍隊を派遣する動きが高まっており、軍の兵士も多くの米を必要としたため、米の値段がさらに高くなるのではないかという心配があった。

倉山 吉野いらないじゃん。

平井 いらない。全然関係ない。

倉山 なんのために出したの。

平井 （失笑）。次の問題も吉野作造が出てますよ。

（ⅳ）史料4の吉野作造は、彼の生きた時代の日本の政治に対して、「民主主義」という言葉を用いずに、「民本主義」という言葉で、民衆の意見が尊重され、その幸福と利益に役立つ政治の実現を説きました。これに関する以下の文の空欄にあてはまる語句を答え、文中の波線部に関する説明として適するものを、後のア〜エから1つ選び、記号で答えなさい。

吉野作造が「民主主義」という言葉を用いなかったのは、「民主主義」が人民（　あ　）という意味を持つのに対し、当時の日本は、天皇に（　あ　）があったからである。第二次世界大戦後、天皇（　あ　）から国民（　あ　）へと基本原則が大きく変更されるのにともない、日本国憲法は第1条で「天皇は、日本国の（　い　）であり日本国民統合の（　い　）であって、この地位は、（　あ　）の存する日本国民の総意に基く。」と、天皇に関する規定でありながら国民（　あ　）を明示する形をとった。

倉山　「これに関する以下の文の空欄にあてはまる語句を答え」るわけね。（　あ　）が「主権」で（　い　）が「象徴」。楽勝だね。誰でも解けます。これは受験生にとってはサービス問題ですね。前半の民本主義の意味がまったくわからなくても、後半を読めば、日本国憲法第1条が出てくる。「象徴天皇」とか「国民主権」は受験生も耳にタコでしょう。誰でも覚えていますよ。これは思想に関係なく悪問です。

平井　簡単過ぎですね。御三家に並ぶ学校の入試問題とは思えない。

倉山　文章はまだ続いているね。

　憲法には、天皇が国の政治に直接かかわることはできないと定められているが、男子でなくてはならないといった性別の条件や、引退についての規定はない。そのため、女性が天皇になる資格を持てるようにしたり、天皇の引退を可能にするように制度を変えることを国民がのぞむのであれば、憲法を改正するのではなく、いまある法律を改正するか、新しい法律をつくることが必要となる。

倉山　「天皇の引退を可能にするように制度を変えることを国民がのぞむのであれば」法律を変えればいいと。「譲位はリベラルの意志だ」というようなことが書いてありま

すね。

平井 ええ。国民の意見で譲位ＯＫって書いてます。ちなみに、「退位」でも「譲位」でもなく「引退」と書いてありますね。初めて聞きました。

倉山 日本語を知らんのか。でも、保守系の新聞やネトウヨなどは、こういう左翼側の文章を見て、その逆が保守だと思っているから困るんだよね。事実として違うのだというツッコミを入れない。いきなり思想性で非難する。

左だって間違ったことも言えば、真っ当なことを言うこともある。いずれにしても、内容について、それが事実であるかどうか、そして、事実であったとして、それに対する認識や評価はどうか、そこに問題があると指摘するべきです。

平井 自分で考えて主張しないといけませんよね。後手後手に回って、しかも間違えていたら、オピニオンリーダーにはなれません。

倉山 なんでもかんでも、あちらの反対を言っているうちに質の悪い保守になって、圧倒的多数の日本国民からそっぽを向かれるわけですよ。天皇や譲位については、著者名は忘れましたが『日本一やさしい天皇の講座』（扶桑社、2017年）という良書がありますので、詳しくは、こちらをご参照いただくとして、駒東の問題に戻りましょう。選択肢問題があるね。

平井 「文中の波線部に関する説明として適するものを、後のア〜エから一つ選び、記号で答えなさい」ですね。

倉山 波線部は譲位や女性天皇に関して「いまある法律を改正するか、新しい法律をつくることが必要となる」これについて選択肢が４つ。

　ア 法律の制定や改正には、衆参両議院の総議員の３分の２以上の賛成が必要である。
　イ 重要な法案については、国民の意見を直接問う国民投票が行われる。
　ウ 国民の意思は、国民によって選ばれた代表者である議員を通じて法律に取り入れられる。よって選挙はその重要性から、日本国憲法の定める国民の義務にあたる。
　エ 法律の制定や改正は国会の仕事だが、法案は議員だけでなく内閣も提出することができる。

倉山 アは間違い。「衆参両議院の総議員の３分の２以上の賛成」は憲法改正に必要なもの。
　イの「重要な法案について」国民投票は行われない。
　ウは、選挙は国民の義務とあるので違います。権利ですね。もちろん「エ」が正解なんですが……。

平井 これも民本主義とは、全然、関係ありませんね。

倉山 皇室典範の改正で譲位や女性天皇ができるようになると

いうことを答えさせるのかなと思ったら、憲法の超基本的な問題でした。初歩の初歩です。何を考えてこの問題を出したんだろう？？？　結局、「吉野作造」も「民本主義」もまったくいらない。これも悪問ですね。吉野先生に謝れ！

平井　（苦笑）。本文を読まなくても設問が解ける問題がたくさんありましたね。むしろ、傾向としてそれが普通になってきて、出題者のほうも「どうせ読まない」と開き直っているような文章がけっこうあります。

倉山　しかし、勉強が苦手な子は、それがカムフラージュとわからない。

平井　そうです。問題文を読んで「難しいな、わからないから飛ばしちゃおう」となって、設問も解かずにスルーしてしまう。本当は設問だけ見れば簡単なのに。もったいない。

倉山　流れてくるどうでも良い情報にかく乱されて、本当に大事な情報に気付けない保守と同じだね。受験を批判する前に、受験を研究したほうが賢くなれるよ、本当。

平井　「全体像」を見てないんです。一部だけ見て、それが全体だと勘違いしてしまう。意味のない暗記や、小手先の計算訓練ばかりしているとそうなります。歴史や数学"を"学ぶのと同時に、歴史や数学"に"学ばないと。ちなみに、センター試験の日本史も全く同じ傾向です。

これについて詳しくは第3章で、またお話しします。

⊗ 渋谷教育学園渋谷中学校

平井　渋谷教育学園渋谷中学校（渋渋）は岩波新書の『漫画の歴史』を扱っています。

倉山　渋渋、ものすごくランクが上がってるよね？　駒東と同じぐらい？

平井　まだ、駒場東邦までは行ってないですかね。でも、すごく人気です。

倉山　「岩波新書に『漫画の歴史』という本があります。」と。

平井　ここは内容的にはそんなに偏ってないですかね。そして、大問1の問5（2）が憲法についての問題です。

倉山　なになに？　絵で紹介してるのね。『あたらしい憲法のはなし』より。『週刊朝日百科　日本の歴史』は朝日新聞社、『漫画の歴史』は岩波書店、そして『あたらしい憲法のはなし』[6]と、出典がすごい偏ってる。渋渋はね〜、これ洗脳としては出し方がうまいね。

6　「日本国憲法」公布の翌年に文部省が作った中学1年用の社会科の教科書。人はだれも差別されずに平等であり、自由であり、幸せに一生を送る権利があると説く「日本国憲法」をわかりやすく説明（実務教科書47年刊の再刊版についてアマゾンの紹介文より）。

平井　イデオロギーくさいことを文章にはしないで、写真だけ見せて、印象づけている。

倉山 「これが権威だよ」ということを小6の偏差値70の子に見せるというわけだね。「可視化」の怖いところだね。この手を学ばなきゃ。

平井 そうですね。渋渋に入りたい小学生がこれを見て勉強しますからね。

倉山 JGとか駒東なんてダメだよ(笑)。左翼は渋渋を見習え！

平井 出し方がうまい！

倉山 問題も見てみようか。

［図5］

問5（2）次の図5は、1947年に当時の文部省が中学1年生の社会科の教材として発行した「あたらしい憲法のはなし」にある絵の一部です。この絵の空らんの①、②、③に当てはまる語句の組み合わせとして

正しいものを、ア〜エの中から１つ選び、記号で答えなさい。

倉山 日本国憲法の三大原則を答えさせるわけでしょ。

平井 そうです。

　　ア ①主権在民主義　　②軍国主義　　③民主主義
　　イ ①平等主義　　　　②資本主義　　③民主主義
　　ウ ①主権在民主義　　②民主主義　　③国際平和主義
　　エ ①資本主義　　　　②軍国主義　　③国際平和主義

倉山 「軍国主義」とかある！
　　だから自動的にアとエが消えて、「資本主義」が入っているイも消えて、ウの「主権在民」、「民主主義」、「国際平和主義」が正解。「ああ、日本国憲法の三大原則だ！」という楽勝問題。

平井 問題自体は、ものすごく簡単。軍国主義とかって選ぶ子がいるのかな。

倉山 あ、そういえば、私、こういう問題、国士舘で出してましたよ。

平井 大学生にですか？

倉山 というのは、受験脳をつけさせてあげるため。

平井 ？？？　説明してください。

倉山　ちょっと脱線して受験テクニックの話をします。今、私は思想に関係なく解いたじゃないですか。

まずは『あたらしい憲法のはなし』で言いそうにないものに×をつける。今の問題だったら「軍国主義」と「資本主義」ね。そうしたら読み直さなくても見ればわかる。数学ではできそうにないけど、文系科目の、特に国語と社会の選択問題で有効！

```
ア　①主権在民主義　　②軍国主義　　③民主主義
イ　①平等主義　　　　②軍国主義　　③民主主義
ウ　①主権在民主義　　②民主主義　　③国際平和主義
エ　①資本主義　　　　②軍国主義　　③国際平和主義
```
（②軍国主義、エ①資本主義、エ②軍国主義に×）

平井　文系科目の受験テクニックとしては、絶対に身に付けなきゃいけないものですよね。

倉山　一番ノーマルな選択肢問題の出し方だよね。当たり前ですけれども、選択肢問題は文章全体が正しいものが正解です。そして間違いの選択肢には、前半が間違っているもの、後半が間違っているもの、前半も後半も間違っているものを作り、出題するのが一般的な傾向です。

だから、センター試験の国語の選択肢など、1つが3行ぐらいあるんですけど、×が1つでもつけば、他は読まなくていいんですよ。そこだけ印をつけておけば解き

やすいし、後で見直すときも確認が楽です。
　この渋渋の問題は、そういう受験脳を鍛えるための問題であって、これに思想性を求めてもナンセンスだね。

平井　そのとおりですね。選択肢問題では、どれだけ響きのいいことが書いてあっても一部ダメだったら、全部×です。ただ、それだけ。

倉山　でも、引用文にすれば全部OK！

平井　とおっしゃいますと？

倉山　「太陽は西から昇る」というのは事実として間違いですよね。しかし「太陽は西から昇ると宮沢俊義先生が言っている」と言ったら正解になる可能性があります。

平井　真実を見極めるのが受験勉強ではないですからね。出題者が決めたルールの中で競うのが受験です。

倉山　宮沢さんが実際に本文の中でどう言っているかということを読むだけであって、真理とは関係ない。それもまた受験脳。

平井　国語ができない人は、本文の内容が自分に共感できるかどうかで答えちゃったりしますけど、ＮＧです。自分の主観を徹底的に排除しなければなりません。

倉山　そして、東大憲法学を学ぶ法学部生が、まさにそうやって勉強しています。学生たちの姿勢は「えっ、八月革命[7]が起きたなんてことがあるわけないだろう⁉」じゃない

んですよ。宮沢俊義が何を言っているか、芦部信喜[8]が何を言っているか、宮沢さんと芦部さんの違いは、四人組（野中俊彦・中村睦男・高橋和之・高見勝利）[9]が何を言っているか、四人組の高橋さんと他の人の違いは、宮沢・芦部との違いは、というのを正確に読み取っていくのが憲法学なのです。誤解してもらっては困りますが、それらを学べと言っているのではありませんよ。保守を自認する人達も、敵はそういう思考法で勉強してきて出世し、木村草太君[10]みたいになっているのだということを理解しておかなくてはならないということです。

それがわからない人は、もう中学入試レベルで知性に差がついていると言わざるを得ないでしょう。

---

7 本書第1章に日本国憲法成立に深く関わった人物として既出の宮沢俊義の唱えた説。昭和20年8月15日に革命が起こり、革命権力によって日本国憲法が制定され、国家体制が変わったとする。

8 芦部信喜は宮沢俊義の弟子。著書『憲法』（岩波書店）は憲法学の教科書となっている。通称「アシベの憲法」。

9 野中俊彦・中村睦男・高橋和之・高見勝利は『憲法Ⅰ・Ⅱ』（有斐閣）の共著者。こちらも「アシベの憲法」と並ぶ憲法学の教科書。四人組のうち、高橋は芦部門下。「アシベの憲法」は芦部没後、高橋が補訂している。

10 木村草太は高橋の弟子筋にあたり、現在首都大学東京教授。

⊗ 渋谷教育学園幕張中学校

平井　渋渋の兄弟校である渋谷教育学園幕張中学校（渋幕）も見てみましょう。問題Bで「保護」という言葉について文章があります。カギカッコのついた「保護」で、「『保

護』の名のもとにおいて、相手の権利や利益を奪うことがありました」と。日本が朝鮮半島や「満州国」をそういう意味で「保護」したというわけですね。

倉山 （ニコニコしながら）ちょっと、見せて。

　問題B 「保護」という言葉は、「外からの脅威、危険、破壊などからかばい、守ること」を意味します。しかし、近代の日本の歴史においては、しばしば「保護」の名のもとにおいて、相手の権利や利益を奪うことがありました。それは、a朝鮮半島や「満州国」だけではなく、国内においてもみられました。
　b1899年、山縣有朋内閣は北海道旧土人保護法を定めて、北海道に住むアイヌの人びとの「保護」にのりだしました。条文をみると、その保護のために税金で小学校を作り、アイヌの子どもたちが日本語の読み書きをできるように支援しました。また、農業を生業とすることを希望するアイヌの人びとには、無償で農地や農具などを用意し、結果として平地への移住をすすめる政策がとられました。
　しかし、北海道旧土人保護法は、根底において、cアイヌの人びとの、民族性を無視した考え方がふくまれていました。それは上に示した具体例からも十分にうかがえます。
　この法律は平成の世まで存在し、1997年に新しい法

律（いわゆるアイヌ文化振興法）にかわりました。この時、政府はアイヌの人びとの民族文化の尊重は示しましたが、アイヌの人びとが北海道における（ ア ）民族であることは示しませんでした。それを認めてしまうと明治時代以降のできごとについて、さまざまな（ イ ）問題が発生するおそれがあるためと思われます。2007年になって、国連総会が「（ ア ）民族の権利に関する国際連合宣言」を採択すると、2008年、国会も「アイヌ民族を（ ア ）民族とすることを求める決議」を採択しました。

平井 （同じくニヤニヤしながら）「国内においても……北海道のアイヌの人びと」を保護したとあります。

倉山 「保護」というのは「侵略」の代わりかな？　でも文章は事実として間違ってないね。さっきの渋渋といい、この渋幕といい。さすが兄弟校！　急に好感がもてるようになったぞ。JGとか駒東は渋渋・渋幕を見習え！（笑）。サヨクとしてもレベルが違う。

平井 渋幕は今、他を差し置いて圧倒的に勢いがあります。

倉山 へえ、そうなんだ。開成に迫るぐらい？

平井 開成にはまだまだです。開成、筑駒は頭一つ飛び抜けた存在で。

倉山 だったら、麻布に迫るぐらい？

平井　今年の東大合格者では、麻布とほぼ同数です。

倉山　武蔵は超えたよね。

平井　武蔵はとっくに超えてます。

倉山　武蔵は独自路線に行っちゃいましたからね。

平井　今は、関東だったら、開成、筑駒、麻布、渋幕。女子なら桜蔭。

倉山　保守業界で「歴史問題うんぬん」と言っている人、こういう単語についてこられるのかな。つまり、自分のお子さんをそういうところに入れられるだけの知力と財力があるかということ。だから、負けっぱなしなんですよ。

平井　でも、渋幕は渋渋よりは「はっきりスケベ」ですよ。下線部cに「北海道旧土人保護法は、根底において、アイヌの人々の、民族性を無視した考え方がふくまれていました」。

倉山　おおっ。ストレートに来てますね。そして、設問の問9がこれ。

問9　下線部cについて、本文を参考にしてアイヌの人びとの民族性を無視していると思われる具体的な内容を25字程度で説明しなさい。なお、以下の点に注意すること。
・否定　という語句を必ず用いること。

・2つの内容を記述に含めること。

倉山 これ、思想誘導だけど、国語の問題なんだよね。ちなみに模範解答なに？ なんとなくわかるけど。

平井 問9の模範解答は「アイヌ語などの固有の文化や狩猟中心の生活習慣を否定したこと」。

倉山 これまた、実は、東大入試を意識した出し方。

平井 語句指定があって書かせる問題がよくあります。日本史でも世界史でも地理でも。

倉山 う〜ん、全体的にみて、渋渋だけは良質な左翼プロパガンダだけど、渋幕はちょっと落ちるなあ。あとの学校は勉強しなおせ！

平井 こんなにわかりやすく偏向していてはバレバレ。

倉山 渋渋はとにかくすごい。あの出し方、「偏向」してませんからね。偏向しないで誘導する。すばらしい！ あれはうまいですよ。

平井 他にも入試問題はたくさんあるんですけど。

倉山 もう、十分です。

第3章 大学入試問題にみる歴史研究の実際

√偏向すらできないセンター日本史

倉山　第3章は、大学受験だね。

平井　僕の得意分野です！　大人になると、あまり触れることのない業界だと思いますので、生々しいお話をしたいと思います。

倉山　大学受験の歴史教育っていうと、山川出版社の教科書が有名だよね。

平井　倉山先生の御著書『常識から疑え！ 山川日本史 近現代史編』上下（ヒカルランド、2013～14年）もありますね。でも、僕の肌感覚だと、世間で言われているほど、教科書には大したことは書いてないですよ。たまに、山川教科書には「南京」とか「慰安婦」について、日本人が悪行三昧を働いたように書かれていると勘違いしている人がいますが、実際のところ、1行か2行、チョロって書いてあるか書いてないかって感じで、そんなに現場の生徒への影響があるのかなと思います。

倉山　そういう目立つところばかり注目させといて、他はやりたい放題やられているわけだもんね。さすが、左翼はうまいことやる。

平井　そうです。「南京」や「慰安婦」ばかり話題になりますけど、実はそれ以外の部分を学ぶと、知らず知らずに偏るよう

になっているほうが、よほど問題です。それに、教科書以外の副読本、参考書や問題集、入試問題など教材は多岐にわたります。

山川の「南京」や「慰安婦」の部分なんて、「ねこじゃらし」みたいなもので、注目させるための呼び水に過ぎないんじゃないかとすら思います。やはり、「ねこじゃらし」を操る本体を見るようにしないと。

倉山 歴史教育の問題も、もっと**コアメッセージ③「全体像をつかめ！」**で議論しなきゃいけないね。ということで、さっそく、バッサリやっていきましょう。今年も偏向してた？　やっぱり近代史でしょ？

平井 はい。まずは、今年（2018年）のセンター試験の日本史Bの問題Bです。Tのセリフが偏向しています。

B
R：地域の発信力というと、やはり世界遺産の影響は大きいですね。2014年、世界文化遺産に登録された富岡製糸場が一躍有名な観光地となったことは記憶に新しいです。明治政府は、自立した近代国家をつくるために、西洋の技術を導入し、殖産興業を推進して　ア　をはかりました。富岡製糸場は、輸出品である生糸の品質向上のために設置された官営模範工場だったんですね。
T：近年、こうした日本の近代化遺産が注目を集め、

明治維新150周年にちなんだイベントも各地で実施されたり計画されたりしているようだよ。

R：でも、全国的に有名な遺産だけが注目されていますが、地域の歴史上、重要な近代の遺産も身近に多く残されています。こうした文化資源は、今、将来を見据えて保存しておかないと、どんどん消滅していく危険性がありませんか。

T：その視点はとても重要だね。そういえば、祖父の実家がある山口市にも、初代朝鮮総督ゆかりの図書館だった建物が人知れず残っていたな。

R：それは、結構、貴重な文化資源ですよ。

T：ただ、明治維新を経て近代国家となった日本が、軍事的にアジア諸地域へ侵攻し、他国を植民地にしたり領有したりしたことも忘れてはいけない。それに、世界遺産は観光資源として魅力的だけど、本来は遺産の保存が目的だしね。ところが、世界遺産に登録されたことで観光客が急増したため、深刻な交通渋滞やゴミ問題が発生したり、史跡や自然の保存に支障が出ている場合もあるんだ。たとえば、院政期には、白河上皇も行った　イ　がさかんだったけど、その参詣道の周辺では近年、石仏の破壊や盗難も発生しているらしいよ。

R：史跡や自然を観光に活用することと、それらを保存して未来に継承していくこととは、目先の経済振興を優先したいという思惑などもあって、簡単に両立と

はいかないですね。いろいろな問題点を教えていただきありがとうございます。

問4　空欄　ア　　イ　に入る語句の組合せとして正しいものを、次の①〜④のうちから一つ選べ。
① ア 富国強兵　イ 熊野詣
② ア 富国強兵　イ 伊勢詣（伊勢参り）
③ ア 民力休養　イ 熊野詣
④ ア 民力休養　イ 伊勢詣（伊勢参り）

倉山　世界遺産に富岡製糸場が登録されたという文章で、ア、イに入る言葉を問うのが問4だね。これ、本文なんか読まなくてもいいよね。

平井　はい。該当部分だけ見れば、本文全体とは関係なく解けます。

倉山　「殖産興業を推進して[ア]をはかりました」。[ア]は富国強兵か民力休養か。こんなの富国強兵に決まっているよね。

平井　はい。

倉山　「白河上皇も行った」のは[イ]熊野詣か伊勢参りか。

倉山＆平井　熊野詣！

倉山　はい、それで終わり（笑）。

平井　長い本文のほとんどは関係ないのです。「セットなのは、どれ？」という問題ですが、空欄の直前の文を見れば解けます。

倉山　センター試験の基本ですね。まず設問を見る。問4の場合、ア、イのセット選択肢を見ます。それから、ア、イの入る文を読みます。アの「殖産興業を推進して［ア　富国強兵］」は簡単なので4択がいきなり2択です。「白河上皇も行った［イ］」は少し難しいかもしれないけど、「熊野詣」か「伊勢参り」か、どちらかというと熊野詣なので、①が正解です。

このように、まず選択肢を見て、選択肢だけではわからないところを「その近辺に何が書いてあったか」と読み直すのはいいんだけど……。できる受験生は、こんな本文は読みません！

平井　よく歴史の受験勉強はただの暗記テストだって言われますが、その通りです！　「あなたの携帯電話の番号が、090で始まるか、080で始まるかを覚えてますか？」というのと同じレベルです。

倉山　正しい！　全くその通りだよね。

平井　僕の前著『ビジネスで差がつく論理アタマのつくり方——カンタンな中1数学だけでできる！』（ダイヤモンド社、2017年）では「論理アタマ」を作るにはどうすればよいかということがテーマだったのですが、センター

試験の日本史なんか「論理アタマ」ゼロで解けます。覚えるときには論理力を使うと便利ですが、解く上ではほとんど必要ない。なんのために課している試験なのか、全くわかりません。

倉山 しかも時間がたっぷりで、処理速度の試験ですらない。

平井 センター試験の全体の傾向なんですが、問題の難易度はともかく、分量が増加しています。英語も数学も国語も、時間がなくて解き終われない受験生がたくさんいます。しかし、歴史だけは別。ただの暗記テストだから、時間がかかりません。自分の記憶と、設問の記述が合致しているかどうかを判断するだけですから、基本的に瞬殺です。今、倉山先生がおっしゃったように、本文は必要なところだけ読んで問題をどんどん解いていけば、60分の試験でも、見直しを含めて30分かからないで終わらせることができます。

倉山 私も今、実演しましたが、1問10秒で解きました。いや、しゃべりながらで10秒だから、本番だと3秒です。1問3秒で解ける問題が50問ぐらい出ているんだよね。実にくだらない。それで、生真面目に1行目からず〜っと読んでいくような子が落ちるんだよね。

平井 それで言うと、今のセンター試験のシステムには欠陥があります。受験する大学によっては、社会を2科目受験しなければならないんですが、時間は各々60分と定

められているのに、すべて同じ冊子に載っているんです。だから例えば、日本史と地理を選択する場合、始めの60分の試験時間で日本史を解いて、余った時間で2科目めの地理の問題を解き始めることもできるわけです。日本史は暗記テストなので短時間で終わらせることができますが、地理の問題は暗記テストというよりも、思考力テストの側面が強いです。考えなきゃ解けないから、解答に時間がかかるということですね。

だから、本当は、開始60分後から解かなければいけない地理を、1科目めの時間に解き始めることによって、60分以上かけられてしまうんです。

倉山 それ、完全に制度の欠陥では？

平井 ちなみに、これは理科でも同じことができます。物理30分、化学90分で解くことも可能です。

倉山 歴史認識が偏向してるより、よっぽど問題じゃん。文科省、ほんと大丈夫？

平井 まだこの話は終わりません。もっとズルいこともできます。本当は物理しか勉強してないのに、「理科は2科目受験します」と申請を出しておけば、物理を120分で解くこともできます。

もちろん、マジメに60分で解いた子も、120分で解いた子も、"平等"に扱われますけどね。試験監督さんは、その辺もきちんと監督しているのでしょうか。

倉山 毎年、全受験生に性善説が成立するか、試験監督が完璧に見張っていない限り、今の仕組みだったらそういうズルが可能ですね。（嫌味たっぷりに）まさか文科省も受験生性善説に立って試験を実施するようなことはしていませんよ。きっと、しっかり監督しているはずです（笑）。

平井 よく教育の専門家を自称する人が、声高に「ペーパーテストは平等だから素晴らしい」と言ったりしますけど、僕は今の日本の入試制度はとても不平等だと思います。学力さえあれば誰でも大学に合格できるという点では機会が平等なんですけど、そもそも制度として、同じ試験を60分で受けた子と120分で受けた子を同列に扱えてしまうわけですから、いい加減です。

センター試験も、雪で交通機関が止まりやすい時期に実施するという時点で、雪国の人には不利ですし。

倉山 なんなんだこれは。それだったら「120分で2科目解け」とすればいいじゃないか！　でも、文科省官僚って、それを正当化する屁理屈を言うからね。

平井 意味不明な理屈とデータを持ってくるんですよね。

倉山 やっぱり社会に出たら国会待機の時間があるからとか（笑）。「そういう忍耐力のある人間を育てることが大事なんだ」と屁理屈を言いかねない。

ほとんどの受験生が読まずにスルーするセンター日本

史の本文が偏向していることよりも、こっちのほうが日本人をバカにする教育ですよ。頭を悪くするという意味の、バカにする。

センター試験は人にコントロールされる、支配される人間を作るための試験です。しかも今回判明しましたが、問題ばかりか実施制度までが自虐的人間を作ってしまいます。

平井 いかにルールに忠実に従えるかという人間を育てる教育ですよね。

倉山 それを言い換えると、植民地官僚を育てるための試験ですよ。白人の植民地支配の方法と同じ。白人は自分たちの言うことを忠実に守って刃向かってこない現地人をエリートに仕立て上げます。言うことを聞く奴に、ポジションを与えるわけです。すると現地特権階級が、同朋を支配する構造のできあがり。アフリカの黒人エリートなんかは、自分が同朋を支配している気になっているけど、実は白人の言いなりになっている中間管理職です。文科省はそういう人間を育てようとしている。このほうが、ずっと問題です。

平井 受験生性善説を信じない大学もあります。最近の東大の英語の問題は表紙の裏側が真っ黒に印刷されていて、2ページ目から英文が書かれています。この理由は、僕の想像になりますが、恐らく試験前に表紙を透かして英文を読んでしまう受験生が多かったからではないかと思

います。

　というのも、僕が高校生のときに「東大英語の問題冊子は薄い材質を使っているから、配られた瞬間から中の英文が読み始められる」という噂を聞きました。そこで実際に、試験会場で確認してみたら、本当に表紙の裏から英文が印刷されていたので、読もうと思えば読めてしまいました。僕の記憶が正しければですけど。

倉山　で、読んで合格したと。

平井　いや、表紙の裏に英文が書かれてて文字が反転してたので、読もうと思ってもまともに読めませんでした（笑）。

倉山　東大はそういう対策をしているわけだよね。ところがセンター試験は何の対策も取らないのかあ。

√史上最低の東大日本史問題

倉山　今度は東大入試もダメダメだということを取り上げたいと思います。史上最低の東大日本史です。これまでの著作でも触れているんですが、入試問題をおちょくるこの本で触れないわけにはいきません。

平井　はい。2005年東大日本史問題、第4問のことですね。

第4問
次の文章は、吉野作造が1916年に発表した「憲政の本義を説いてその有終の美を済すの途を論ず」の一部である。これを読んで、下記の設問に答えなさい。解答は、解答用紙（ニ）の欄に記入しなさい。

憲法はその内容の主なるものとして、（a）人民権利の保障、（b）三権分立主義、（c）民選議院制度の三種の規定を含むものでなければならぬ。たとい憲法の名の下に、普通の法律よりも強い効力を付与せらるる国家統治の根本規則を集めても、以上の三事項の規定を欠くときは、今日これを憲法といわぬようになって居る。（中略）つまり、これらの手段によって我々の権利・自由が保護せらるる政治を立憲政治というのである。

設問
大日本帝国憲法と日本国憲法の間には共通点と相違点とがある。たとえば、いずれも国民の人権を保障したが、大日本帝国憲法では法律の定める範囲内という制限を設けたのに対し、日本国憲法にはそのような限定はない。では、三権分立に関しては、どのような共通点と相違点とを指摘できるだろうか。6行以内で説明しなさい。

平井　専門的な解説は倉山先生にしていただくとして、僕のほ

うで入り口の説明をしておきます。東大日本史は、100パーセント記述問題。選択肢で答えるような問題は出ません。また、受験生の誰も読んだことのない史料が提示されて、それを読ませた上で設問に答えさせます。ちなみに、解答用紙は1行に30字書ける方眼紙みたいなのが配られるので、この問題の「6行で説明しなさい」というのは、「180字で答えなさい」という意味です。

倉山 ありがとう。では、内容にツッコミますが、つまり、帝国憲法には法律の留保があったと。人権の保障などと言いながらも、すべて法律の定める範囲内であるから欠陥憲法なのだ、その点、日本国憲法はそんなことないよと。ところが、この吉野論文のオリジナルの続きには、法律の留保は素晴らしいと、法律以外で人民の権利を制約しなくなったのだ、これは我々が文明国である証拠だと延々と語っているんですよ。以下、引用します。

斯くの如き種類の規定、即ち右列挙するが如き重大な権利自由は政府が議会に相談することなしに勝手に定めることはせぬ、必ず法律で定めると云ふ様な規定は、各国の憲法に於て其最も重要なる部分として普ねく掲げられて居る所のものである。法律で定めるといふは即ち議会が参与するといふことである。議会が此事に與かるのは、取りも直さず、議会に代表者を送る所の人民が間接に此重要なる問題の議定に容喙するを得るので、従って人民は間接ながら自家の権利自由を自ら保護する事が出来る理屈になる。斯う云ふ趣意で此種の規定は今日各国の憲法に通有の特徴となって居るのであらう。

尤も特別の沿革的理由によつて之を欠くもの、例へば仏蘭西の憲法の如きものもあるけれども、大体に於ては此種の規定は近代の憲法には欠く事の出来ないものとなつて居る。

（吉野作造『憲政の本義を説いてその有終の美を済すの途を論ず』より。
漢字は現代表記に改めた）

倉山 これは史上最悪の東大入試バカ問題です。どこのどなたかわかりませんが、この問題を作った人は歴史学者のクセに一次史料を確認しないでつまみ食いしたんですか？（嘲笑）

平井 気になって、駿台予備校の参考書を見てみたんですが、爆笑しました。

倉山 なになに？

平井 この東大入試の解説が書いてあるかと思いきや、延々7ページにわたり、帝国憲法の悪口を言いながら、日本国憲法を褒めちぎったあとに、解答の作り方の説明はたった4行（笑）。

倉山 これ読んでも、勉強にならないね。

平井 その駿台予備校の模範解答はこちらです。

【模範解答】

　大日本帝国憲法下では、神格化された天皇が統治権を総攬し、立憲主義は確立せず、帝国議会は天皇の立法権を協賛し、内閣は天皇の行政権を輔弼し、司法権は天皇の名で行使されたので、三権分立

は形式的であった。日本国憲法下では、立憲主義が確立し、議院内閣制も規定され、内閣は国会に連帯して責任を負うが衆議院の解散権を持ち、最高裁は違憲立法審査権を持つので三権は分立している。

平井 ちなみに、東進や河合塾はこれよりちょっとは良い気がしますが、大差ありません。

倉山 このバカ問題に答える意味なんてないだろうに、受験生も悲劇だよ。

平井 せっかくなので、今年の東大日本史の問題も取り上げたいんですが。

倉山 どんな問題？

平井 教育勅語です。

倉山 どれどれ？

第4問
教育勅語は、1890年に発布されたが、その後も時代の変化に応じて何度か新たな教育勅語が模索された。それに関する次の（1）・（2）の文章を読んで、下記の設問A・Bに答えなさい。解答は、解答用紙（ニ）の欄に、設問ごとに改行し、設問の記号を付して記入しなさい。

（1）先帝（孝明天皇）が国を開き、朕が皇統を継ぎ、旧来の悪しき慣習を破り、知識を世界に求め、上下心

を一つにして怠らない。ここに開国の国是が確立・一定して、動かすべからざるものとなった。（中略）条約改正の結果として、相手国の臣民が来て、我が統治の下に身を任せる時期もまた目前に迫ってきた。この時にあたり、我が臣民は、相手国の臣民に丁寧・親切に接し、はっきりと大国としての寛容の気風を発揮しなければならない。

『西園寺公望伝』別巻2（大意）

（2）従来の教育勅語は、天地の公道を示されしものとして、決して謬りにはあらざるも、時勢の推移につれ、国民今後の精神生活の指針たるに適せざるものあるにつき、あらためて平和主義による新日本の建設の根幹となるべき、国民教育の新方針並びに国民の精神生活の新方向を明示し給うごとき詔書をたまわりたきこと。

「教育勅語に関する意見」

設問

A （1）は日清戦争後に西園寺公望文部大臣が記した勅語の草稿である。西園寺は、どのような状況を危惧し、それにどう対処しようとしたのか。3行以内で述べなさい。

B （2）は、1946年3月に来日した米国教育使節団に協力するため、日本政府が設けた教育関係者による

委員会が準備した報告書である。しかし新たな勅語は実現することなく、1948年6月には国会で教育勅語の排除および失効確認の決議がなされた。そのようになったのはなぜか。日本国憲法との関連に留意しながら、3行以内で述べなさい。

倉山 結構、知識問題だね。

平井 はい。教育勅語が新しく作られる動きがいくつかあって、(2)ではアメリカに潰されたと。

倉山 日本国憲法などを暗記していて、キーワードを持ってきて浅薄にまとめるという、あんまり良問とはいえないよね。ちなみに河合塾の模範解答は？

平井 これです。東進、駿台の模範解答もあります。

【模範解答】
設問A（河合塾）
　外国人に内地雑居を認めたため、西園寺は、排外意識や言論・文化などの違いから生じる混乱を危惧し、教育により日本人が外国人に対し大国としての寛容な姿勢でのぞむ意識を育てようとした。

設問A（東進）
　条約改正による外国人の内地雑居の実現に際し、三国干渉以来の列強への反感を背景とした攘夷運動の再度の激化を危惧して、開国和親の国是を想起させ、天皇の権威による秩序の維持を企図した。

設問A（駿台予備校）

　西園寺は、日清戦争勝利による国民の過剰な自信や排他的国粋主義を危惧した。それ故、内地雑居が迫る中、国家主義的教育を転換し、文明国として外国人と対等に向き合える国民の育成を図った。

設問B（河合塾）

　日本国憲法は、国民主権を定め、天皇を日本国民統合の象徴として、その統治権を否定した。さらに新憲法の精神を反映させた民主主義的な教育理念にもとづく教育基本法が制定されたから。

設問B（東進）

　米国教育使節団に軍国主義的として否定された、忠君愛国を理念とする教育勅語は、主権在民を原則とし、天皇を国民の象徴と位置付けた、日本国憲法の精神に基づく教育基本法に反するとされた。

設問B（駿台予備校）

　日本国憲法は条規に反する法律や詔勅を認めていない。忠君愛国を説く教育勅語は主権在君に基づき、日本国憲法が保障する基本的人権を損なう上に、民主的教育理念を掲げる教育基本法に反した。

（平井基之ブログ「東大入試で教育勅語が出題‼ モリカケ問題や、日本国憲法との関連は？」https://ameblo.jp/pipinee/entry-12356054664.html より）

倉山 こういうことを書いておけば無難だという解答ですね。逆に、私が今の知識を持ってこの問題を解こうとする

と、余計なことを考えちゃうから、模範解答は書けません。

平井 3社とも一見すると同じような解答ですが、よく読むと国民主権（主権在民）と教育基本法の2点くらいしか共通していません。結局、東大が求める模範解答なんて、誰にもわからないんだと思いますけどね。90字でまとめろと言うほうが、無理があります。

倉山 西園寺は、確かに教育勅語は偏っている、日本人の道徳は説くが、もともと外国人であった人に対する接し方については明示されていないので、新たに付け加えたほうがいいと。間違っているとは言っていないんだよね。足りないと言っているだけ。

平井 なるほど。

倉山 なんとな〜く日本国憲法的価値観で教育勅語を批判するようなことを書けば模範解答になる。受験生としてはそう書かざるをえない、そうやって誘導している、と単純にこれを批判するのも芸がないね〜。では、その点を除いたら、これが良問かと言われると……まあ、悪問だよね。むしろ、東大らしからぬ暗記問題。センター試験が記号なのに対して、少しだけ筆記の力が問われるかなという程度のもの。
だから思想的に偏向している云々ではなく、これはやっぱり受験問題として悪問です。渋渋を見習え！（笑）

平井　ははは。そこに落ち着きますか。

倉山　夷(い)を以て夷を制す。渋渋は敵ながらあっぱれです。最高でしたよ。文章ではいっさい思想的なことに触れないで偏向させる。保守も見習わねば。

平井　まとめると、東大も昨今のモリカケ問題には注目していて、時事に対する意見を入試を通じて発信したというのが１つ。そして、戦後の歴史観の中で勉強をした人が東大を攻略できるということの２つがおわかりになったかと思います。入試というルールを作った側がコントロールし続けているという構造です。

「男系相続の原理」がわかれば日本史がわかる

◎「五世の孫」皇位継承は五世まで

平井　センター、東大と入試を見てきましたが、次は教育内容の中身に入ります。僕は元々理系で歴史に全く興味がない人間でした。なぜならただの暗記科目だと思ってましたし、そう教わったからです。

倉山　しかも、それが事実だしね。面白いと思うわけがない。

平井　しかし、あるとき歴史に興味が持てるようになりました。それは、歴史の背景を知ったり、歴史上の事実の価値や

意味を教えてくれたりする人に出会ったからです。そこでやっと、歴史が現在にもつながっていると理解できました。

倉山 今の受験制度で歴史を学ぶと、歴史って教科書の中の世界で、試験で点数を取るための道具としか見れなくなるのも仕方ないよ。

平井 そこで倉山先生に、少し、皇室のお話をしていただきたいと思います。現在の私たちは、日本の歴史を受け継いでいて、最先端を生きているというのが、皇室を学ぶとわかると思います。

倉山 小泉内閣の頃、女性天皇やら女系天皇やらを認める認めないの論議がかまびすしくなりましたが、悠仁（ひさひと）親王がお生まれになって下火になりました。
それが、昨年（2017年）、天皇陛下のご譲位の問題をきっかけにふたたび男系・女系論議が沸き起こった。

平井 でも、その男系・女系って、高校では教わらないんですよね。

倉山 そもそも皇室のことを教わらない。

平井 そうです。だから、みんな、この問題についてはよくわかっていないんです。男系と女系のルールって、言わば皇室の歴史、つまり日本の歴史を形作ってきたルールだと思うんですけど、なぜか教えません。というか、文系の科目では一貫して背景のルールを教えないで、1つ1

つひたすら覚えるように指導されます。一方で、理系は第1章で触れたとおり、全体像や普遍性を求めますから、背景のルールを探ろうとするのが当然の姿勢です。

倉山　正反対の姿勢なわけね。歴史も理系から見ると、見方が変わるわけだ。

平井　ちょっと脱線して良いですか？

倉山　どうぞ。

平井　ニュートンは「運動方程式」という、どんな力学的な状況でも通用する式を発見したから天才だと言われるのです。しかもそれが「F = ma」という非常にシンプルな式だから、なおさらすごいです。当時の人は、世の中の真理を発見したような気になったらしいです。

最近の東大受験生や、東大受験の指導者で『鉄壁』を知らない人は、二流や三流と思って良いでしょう。これは英単語帳の名前なんですけど、この英単語帳では英単語の背景のルール、つまり語源や接頭語、接尾語のルールを紹介しているので非常にウケています。

例えば vid- や vit- は、「生命」を表す接頭語です。vital は「生命の」「非常に重要な」と言う意味、派生語の「vitality（バイタリティ）」は生命力という意味ですが、サッカーなどではおなじみの単語です。

「vivid」は「生き生きとした」という意味ですが、「ビビッドカラー」は明るい色使いとしても日本語で使われます

し、生き返らせることは「revive」ですが、映画や番組が再上映されることを「revival（リバイバル）」と言います。

倉山　ルールを知れば、各論を1つ1つチェックしなくてよいのに、文系はルール、法則を無視して、各論にばかり注目すると。

平井　僕が高校生のときには語源や接頭語のルールを紹介する単語帳はありませんでした。だから、30歳になって文系で東大を受け直す際に『鉄壁』を知ったときには、「やっと英単語帳もこのレベルのものが出てくれた」と思いました。普遍的なルールがあるのに、わざと目を逸らして各論ばかり見る。「全体像」をあえてつかもうとしないから、理系の視点を文系に取り入れるのは、意義があると思います。

　　　脱線しましたが、日本史を語る上で男系・女系の話がないから、受験日本史に出てくる「摂関政治」や「紫衣事件」も理解できなくなります。ということで、解説をお願いできますでしょうか？

倉山　承知しました。ここは私が語りましょう。

平井　お願いします。

倉山　「皇太子殿下よりも天皇の血が濃い」男系男子がいるというデマが、保守界隈に流れたことがあるんです。

平井　えええ～っ。そんなことあるんですか？

倉山　（失笑）。ええ。今は民間人として暮らしているけど天皇の血を引く男系男子はいっぱいいるから、誰でもいいから連れてくれば、皇室は安泰だと。

平井　ダメでしょ（苦笑）。そもそも、「皇太子殿下よりも天皇の血が濃い」って、人として言ってはダメなセリフでしょう？

倉山　そうだよ。それはともかく、こんなデマに騙された善良な保守の人が大量に発生したから困る。

平井　では先生が正しい解説を。

倉山　まず、男系男子の定義ですが、男系男子とは父親の父親の父親の……と父親をたどっていくと天皇にたどりつく男性のことです。わかりますね。

平井　はい。生物学的な定義ですね。

倉山　皆さんご存知の歴史上の人物にも男系男子がいます。例えば、平将門は桓武天皇の玄孫です。源頼朝や足利義満は清和天皇の男系子孫。第二次世界大戦直前の総理大臣・近衛文麿は後陽成天皇の男系子孫です。

でも、その中の誰も皇族ではないですよね。男系男子なら誰でもいいというものではないのです。そしてその限界がどこにあるかというと「五世の孫」つまり玄孫までなのです。新たに親王宣言しない限り五世まで。生物学的に男系男子でも、皇族でなくなれば、皇位継承資格はありません。

ただ、いかに離れようとも親王家として残る家として伏見宮家がありました。伏見宮家は北朝第3代・崇光天皇の皇子・栄仁親王によって室町時代に創始され、多くの宮家（梨本宮・山階宮・久邇宮・小松宮・北白川宮・華頂宮・東伏見宮・賀陽宮・朝香宮・竹田宮）の源流となっています。そのうち竹田宮、朝香宮、東久邇宮家は明治天皇の内親王を后に迎え、近代に入って女系でも天皇家とつながることになりました。おそらく「皇太子より天皇家の血が濃い男系男子」と言っている方は、東久邇宮家では東久邇宮稔彦王が明治天皇皇女を后に迎え、その長男の盛厚王がさらに昭和天皇皇女と結婚して男子を儲けているのを捉えてでしょう。

平井 皇室を生物学で捉えている感じですかね。

倉山 血筋は確かに大事なんだけど、原理がわかっていないと

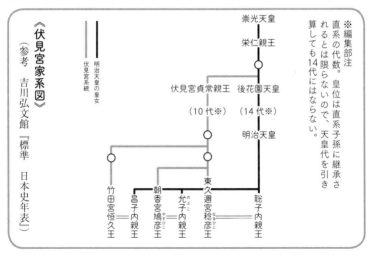

《伏見宮家系図》
（参考　吉川弘文館『標準　日本史年表』）

※編集部注
直系の代数。皇位は直系子孫に継承されるとは限らないので、天皇代を引き算しても14代にはならない。

誤解をします。

倉山　伏見宮家と現在の皇室との分岐点は後花園天皇にさかのぼります。第102代後花園天皇は伏見宮家から皇統の正嫡となられた方で、そこから現在の皇室につながっています。後花園天皇の同母弟・貞常親王が伏見宮家を継ぎます。そして後代、明治天皇の内親王殿下と伏見宮系統の皇族の方々がご結婚されたのです。有名な作家の竹田恒泰さんは図の竹田宮恒久王の曾孫。明治天皇とは女系でつながって玄孫なんです。もちろん伏見宮系統で男系でもつながっているのですが、35〜6親等ぐらい離れてることになるのかな？

　　　つまり、女系が意味を持ってくるのは、男系を補完する制度としてです。男系かつ女系の場合ですね。

平井　「双系」って言うんですよね

倉山　そうそう。いわゆる女系には2種類あって、「双系」と呼ばれる男系かつ女系の人と、女系だけの人がいる。女系だけの人は皇位継承者としては論外なんですよ。男系かつ女系の人は親王宣下すれば皇室の一員となれます。

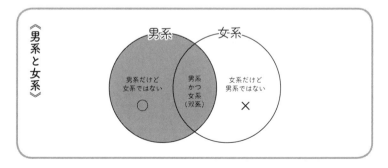

《男系と女系》

平井 数学のベン図で「可視化」すれば一発だと思うんですよね。

平井 このベン図のベタの部分が男系になります。歴代天皇と5親等以内でつながってる男系の人だったら皇位継承が認められる人です。
真ん中のところは、女系でもあるけど男系でもある「双系」の人で、これも男系には違いないから、同じ条件で皇位継承が可能。古代に天皇になった先例もあります。
右の白い部分は、男系ではない女系の人。これは天皇になれません。これで説明があってますか？

倉山 合ってます。やはり、ベン図はわかりやすいね。いろいろ口で説明しなくても、図を見せれば一発。

平井 「女系だからダメだ」じゃなくて、「男系じゃないからダメだ」なんですよね。図を描いて「可視化」して、ちゃんと理解した上で議論を進めてほしいと思います。

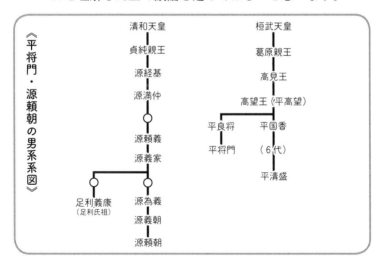

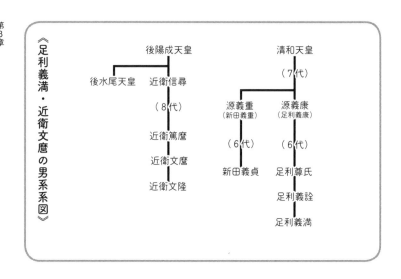

倉山　とにかく、さっき挙げた人たち、平将門、源頼朝、足利義満、近衛文麿、皆さん全員、天皇の血を引く男系男子です。そこで、昨年(2017年)6月に倉山塾名物「大喜利」を行いました。お題は「皇太子殿下よりも天皇の血が濃い男系男子がいる、が本当なら？」

・平将門が天皇になれる！

・源頼朝は幕府を開く必要がなかった！

・足利義満が泣く。「オレの立場はどうなる!?」

・近衛文麿は首相じゃなくて、天皇になれる。

平井　全部やめてください。足利義満は、天皇の男系男子だけど、「五世の孫」よりも血筋が遠過ぎたから、皇族にな

れない。だから、わざわざ面倒くさいことをして権力を握ろうとしたわけですよね。

倉山 そうそう。義満が何をしたか。読者の皆さんのために少し説明しますと、とても良い本があります。著者名は忘れましたが、『倉山満が読み解く足利の時代』（青林堂、2017年）から。

平井 題名に著者名が入っています（爆笑）。

倉山 義満の手口は、後円融上皇を廃人同様に追いやる。上皇が若死にしたあとは、その子である後小松天皇の父代わりのように振る舞い、まるで自分が治天の君であるかのような待遇を周囲に要求する。さらに自分の妻を強引に准母の地位に押し込み、トドメは愛息義嗣を親王の儀で元服させる。こんなことを35年もかけて行っています。

平井 えげつないなぁ。

倉山 それもこれも、五世以上離れてるからです。五世以上離れていたら、足利義満ほどの権力者でも、手を出せなかったのです。ちなみにずっと昔は三世までだったんですけどね。継体天皇のときに延びました。だから、先代の天皇から一番離れて即位したのが継体天皇です。

平井 いくつぐらい離れているんですか？

倉山 第15代応神天皇の次から数えて5代め、5親等。第25代武烈天皇からは10親等離れています。だから五世の

孫まで。

平井 （ヒザを打って）そういうことだったんですね。スッキリしました！　つまり、継体天皇が五世離れてるのに天皇になったという先例があるから五世までは容認されるけど、それ以上離れると先例にない「新儀」になるから許されないと。

倉山 その通り！　でも継体天皇のときは、例外中の例外でした。武烈天皇がお若くして崩御なされたということによって生じた新儀なので。それは『日本一やさしい天皇の講座』という今回の対談でも何度も出ている本で詳しく書かれています。いまだに著者名を思い出せませんが、すごくいい本でした。

◎「摂関政治」なぜ藤原氏は天皇にとって代わらなかったのか？

平井 いやぁ、ここまでの説明、ものすごくわかりやすかったです。もっと早く教えてくれれば良かったのに、と思ってしまいましたが、結局僕の問題意識はここにあって、誰も教えてくれないんですよね。日本史を勉強していても全く意味がわからなかったから丸暗記してやり過ごしたのに、男系絶対のルールや、五世の孫のルールを知ったら、急にパズルのピースがハマるように理解できたことがたくさんあります。

例えば平安時代に藤原氏が行った外戚戦略なんか、意味

わからず覚えている受験生がほとんどですよ。

倉山 いわゆる摂関政治のことですね。藤原氏が外戚となって政治を行いました。摂関政治を知らない人は少ないと思いたいのですが、とある研究会では「摂関政治」や「外戚」という言葉が理解できない人が大勢いたので、ここで少し詳しく語っておきます。

平井 研究会？？ということは大人ですよね？

倉山 そう。けっこういい会社の社長などの集いですよ。怖いことです。

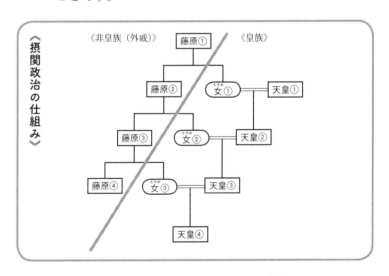

倉山 では、上図を見てください。藤原①は女①を天皇①に嫁がせ、そこから生まれた子を天皇に即位させます（天皇②）。

平井　このとき、天皇②から見て、藤原①のことを「外戚」と言うんですよね。

倉山　そう。皇室から外の親戚という意味で「外戚」。もしくは、「外祖父」とも言います。

平井　藤原①は皇族ではないけれど、天皇のおじいちゃんだから天皇に口出しができて、政治の権力を握ったと聞きました。

倉山　天皇の代わりに政治をするポジションのことを摂政とか関白と言います。だから摂関政治と言います。

平井　これで、皇族でなくても政治権力が握れると。

倉山　そして、藤原②（普通藤原①の息子）が女②を天皇②に嫁がせ……と自分の娘を次々と宮中に入れ、生まれた子を天皇にしていく。これをひたすら繰り返したのが藤原氏の外戚戦略です。しかし、これには弱点があって、最後は男の子を生んでくれるような娘がいなくなったので、藤原氏と関係がない後三条天皇が即位し、摂関政治は終わりました。

平井　つまり、藤原氏が時の天皇の外戚から外れてしまったと。

倉山　図の斜太線に対して左側の藤原氏は絶対に皇族になれません。民間人の男はどうがんばっても皇族にはなれないのです。せいぜい天皇のおじいさんやおじさん、つまり外戚になるしかないんです。だから藤原氏は、権力を保

ち続けるために、娘や姉妹を天皇のお妃にして、孫や甥を天皇にし続けるという、面倒くさい手を使わざるをえなかった。
　対して、斜太線の右側は皇室の中の人間です。藤原氏の女は、生まれたときは民間人でも、天皇に嫁いだら皇室に入れます。ちなみに昔は「女」と書いて「むすめ」と読みました。

平井　どんな身分の女性でも皇族になることができる。

倉山　今の美智子皇后も雅子妃殿下も紀子妃殿下も皇族です。原理は、この図で一目瞭然。このように、男系男子継承の原則というのは、皇族以外の男子を排除するものです。

平井　この図、ものすごくわかりやすい‼　特に斜太線がミソですね。
　男系男子しか天皇になれないというルールをすっぽ抜かして、摂関政治を説明するから「なんでこんなことをやってんの？」となる。生徒の疑問を解消させないまま「とにかく覚えろ！」では、何のために歴史を学んでいるかわかりません。

倉山　図に描くというのは、相手をバカにしているような気がして、私にはこれまで抵抗があったのですが、説明には図をどんどん使ったほうがいいですかね。

平井　僕は、積極的に取り入れたほうが良いと思います！　この図、僕も授業で使おうっと！

◎「紫衣事件」娘に皇位を譲ると、なぜ幕府への抵抗になるのか？

倉山 さて、男系継承の原則がわかっていないと理解できない歴史的事件のもう1つは紫衣事件です。

平井 僕が意味を理解できたのは、受験が終わってからでした（笑）。遅かったー！
きっと、ご存知ない方がたくさんいると思うので、倉山先生、ご説明お願いします。

倉山 昔々あるところに徳川秀忠という、ただのパンピーがいました（笑）。

平井 パンピーって。一般ピープルの略で、「ただの普通の人」の意味ですね。一応、江戸幕府第2代将軍ですけど。

倉山 いえ、征夷大将軍といえどもパンピーはパンピーです。一君万民ですから天皇・皇族以外は全員パンピー。将軍は万民の中で一番ブイブイいわせている人というだけです。その秀忠は娘の和子（読みは「かずこ」であったが、入内の際に濁音を嫌う宮中の風習にならい「まさこ」と変える）を後水尾天皇に輿入れさせました。秀忠は、平安時代の藤原氏同様、外戚になろうとしたわけです。
その後水尾天皇には秀忠からさまざまな圧力がかかりました。例えば、高僧に紫衣を授与するという天皇の大権があったのですが、それを秀忠が影響力を行使して奪いました。しかし、後水尾天皇は従来どおり紫衣を与えたので、幕府は天皇から紫衣を授与された沢庵などの高

僧を流罪に処しました。

それを快く思わなかった後水尾天皇は「秀忠の言いなりにばかりなるものか」と抗議の意味を込めて、娘（明正天皇）に譲位しました。これを紫衣事件といいます。

紫衣事件の説明は、普通、ここで終わり。

平井　「は？　なんで？」と、初めて聞いたときは思いました。大事な「過程」をすっ飛ばして、結論だけ覚えさせようとするから、意味がわからないんですよね。譲位すると抗議の意味になるって、なんで？ってなります。

倉山　そこで補助線として、男系継承の原則を加えてみましょう。明正天皇は女性です。その子どもは天皇に……？

平井　なれない！

倉山　正解。明正天皇の子どもは女系になるので、天皇になれません。ということは、秀忠は外戚になれない。つまり、秀忠は皇室に影響力を及ぼせない。

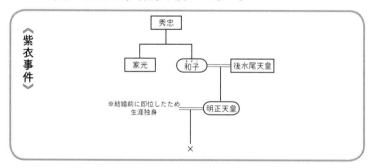

平井　わかりやす過ぎる。もし後水尾天皇の息子が天皇になっ

てたら、秀忠が外祖父になれたのに、娘が天皇になっちゃったから計画が崩れたわけですね。

倉山　古代以来、女帝は未亡人か生涯独身です。なぜならば、相手が男系男子の皇族だったら、生まれた子どもは女系かつ男系になるわけですが、民間人の男の場合は、その子どもは単なる女系です。天皇どころか皇族になれないのです。だから、後水尾天皇は女帝に皇位を譲ったのです。明正天皇が即位したときには、まだ子どもですよ。

平井　数え7歳で践祚(せんそ)。満5歳です。

倉山　幼稚園児ですよね。いきなり幼稚園児を天皇にしちゃって。明正天皇は生涯独身でした。当然、明正天皇の子どもが天皇になるどころか、子どもがいません。かくして徳川秀忠の野望は潰えました。だから、譲位が抗議なのです。

平井　1つとして、論理に矛盾がなく説明されてますね。

倉山　男系継承ルールの説明がないと、この紫衣事件はわからないよね。

平井　はい。ぜんぜんわかりません。僕は倉山先生にこの説明をお聞きして初めて「ああ、そういうことか」と理解しました。学校でも教えるべきですよ。

倉山　これを教えないので、日本人の多くが男系原理をわかっていないのです。

応仁の乱の謎

◎応仁の乱は誰が勝った？

倉山 歴史といえば、最近「応仁の乱」がちょっとしたブームになっているみたいで、なぜか中公新書の『応仁の乱』（呉座勇一著、2016年）がベストセラーになっていたりします。その応仁の乱に関する大学入試問題についても疑問を感じることがよくあります。そこに入る前に、まず、応仁の乱の説明を簡単にしておきますね。
ちなみに、呉座氏はけっこう突飛な説を唱えていますが、学界の多数説となっているとは思えないので、通説で説明します。

平井 そうなんですか。そこまで押さえていませんが、よろしくお願いします。

倉山 1467（応仁元）～1477（文明9）年の応仁の乱では東軍西軍の二派に分かれて戦ったことは知られていますが、どちらが勝ったかという質問に、答えられる人は少ない。

平井 そうなんです。さっきの紫衣事件は「過程」をすっ飛ばして結論ばかり覚えさせられて意味不明になってたのに、応仁の乱は「過程」どころか結論である勝敗すら覚えさせられない（笑）。なんのために習ったのか、全くわかりません。小学校の教科書から登場するのに。勝敗

より、京都の町が焼けた話ばかりが有名。

倉山 そこで、私のほうで「過程」をご説明しましょう。

室町幕府第八代将軍の足利義政が、突如「将軍やめた～い」と言い出しました。子のなかった義政は出家していた弟の義尋に将軍職を譲ろうとします。弟は1464（寛正5）年に還俗し、名を義視と改めます。そして、管領の細川勝元がその後ろ盾となります。ところが、義政の妻である日野富子が翌1465（寛正6）年に後の義尚となる赤ん坊を生みます。母・富子としては、なぜ将軍義政の息子である我が子ではなく、義視が次期将軍となるのか納得がいきません。そこで、息子の後ろ盾として侍所の所司を務めた山名宗全という幕府の長老を後見人に据えます。

教科書的な説明では「将軍家の後継争いと細川・山名による幕府の主導権争い、斯波氏、畠山氏の家督争いが絡み合い、応仁の乱は11年間、京都を焼け野原にして終わりました。その結果、将軍権威が失墜し、戦国時代をむかえます」となる。

平井 はい。これでもかなり詳しめの説明だと思います。

倉山 「は？」なんですよ。みんなが2派に分かれて喧嘩したのはわかる。原因もわかる。しかし、途中経過も途中までしかわからないし、勝ち負けについては何もない。
ちなみに、平井君、勝ったほうはどっちだと思う？

平井　うーん、普通に考えたら、日野富子が息子を9代将軍にさせることができたんだから、西軍じゃないですか？

倉山　でも応仁の乱のあとに、管領家を独占するのは東軍の細川氏だよ。細川勝元は途中で死んでしまうんだけど、息子の政元が家督を継いで専制政治を行う。

平井　え、習いましたっけ？

倉山　室町幕府の三管領家（細川・斯波・畠山）のことは高校でも教わりますね。しかし、その後の室町幕府は学界用語でいうところの京兆専制時代を迎えます。細川本家は別名が「京兆家」なので、こう呼ばれます。畠山政長が一時期、食い込みますが、以後、細川独裁体制が続き、1549（天文18）年に三好長慶（ながよし）に下剋上されてようやく終わりを告げます。
富子・義尚は西軍、細川は東軍。さあ、どっちが勝ったでしょう。

平井　？？？両方勝ち？？？

倉山　さて、種明かしをします。日本史学者でなくても概説書を読めば、どこにでも書いてあります。例えば、中公文庫の『日本の歴史10　下剋上の時代』（永原慶二著、1974年）にも答えが書いてありました。
応仁の乱が始まったときには、東軍の人たち全員プラス日野富子・義尚親子も花の御所にいるんですよ。そこで日野富子は何をやったかというと、昨日まで後ろ盾だっ

た山名宗全が花の御所の向こう側で陣を張っている間に、眼の前に本陣を置いている細川勝元に対して「あなた義尚を守って」と持ちかけます。そしたら勝元が「いいですよ」と二つ返事。

平井　え？

倉山　という、またたく間の裏切りが起きたわけです。日野富子としては義尚が将軍になれるのなら、後見人が山名宗全でも細川勝元でも、どうでもいいわけです。それで居場所がなくなった義視が花の御所を出て、山名宗全に担がれる。ここで腸捻転が起きて、一瞬にして敵味方が入れ替わったわけ。

平井　だからクロスして勝ち組があるんだ。

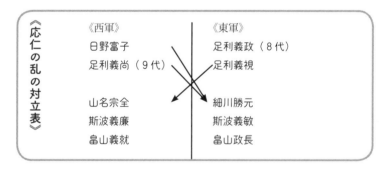

倉山　結果的に義尚が将軍になります。本当はいろいろと細かいことがあるんですが、そこから先は応仁の乱のマニアが知っていればいい話です。しかし、ここまでは知らないと、中学・高校の日本史も理解できないでしょ。日野

富子と細川勝元が勝ったから、義尚が将軍になり、幕府は細川体制になる。

平井　これも、ちゃんと説明されたら疑問がなくなりました！なるほどな〜。これを知らないと因果関係がさっぱりわかりませんよね。教科書を読んでも、わからないわけだよ。

倉山　わかるわけない。単純知識にすらなってない。

平井　登場する人名や「戦国時代になった」と教科書に書いてある結論だけ覚えて、乱の「過程」も結論も十分に説明しない。「理解」しなくていいと思ってるんでしょうか。

◎畠山は良問で斯波は悪問

倉山　試験問題に話を戻しますと、応仁の乱に関連した出題では、畠山氏についての出題は良問で、斯波氏について問うのは悪問です。畠山政長は応仁の乱以後、細川独裁体制の中で唯一管領を務めることができた人です。畠山氏の中でも中央志向が強く、室町幕府中央の役職に就く、つまり、中央で権力を握ることに執着した人です。実際に室町幕府の決定が地方に下りていくので、正統性はそちらにあるわけなんですよ。

対する畠山義就は河内、大阪に独立国を作っちゃう。自分の領地から中央勢力を実力で排除する。ちなみに、この２人はいとこです。

平井　中央と地方？

倉山　室町幕府の旧来の権威、中央の権威からのお墨付きをもらった者が権力を握ることができると考えたのが畠山政長で、現地の土豪たちを手なづけて実力で中央から来たやつを排除するところに権力基盤を見出したのが畠山義就です。

平井　どこかで聞いたことがある話のような…。

倉山　平井さんの地元の山梨県でも、これと同じような構造が昭和期にもありました。昔の自民党の実力者・副総裁である金丸信[1]の選挙区は山梨県でした。そして県には田辺国男[2]という知事を務めた人がいました。自民党副総裁で政界最高権力者の金丸と地元を押さえている田辺が山梨県では互角の戦いをしていたんです。それの原型とも言えるのが、このときの畠山氏の対立なんです。

1　金丸信は山梨県生まれ。自由民主党の衆議院議員として山梨県全県区を選挙区とした。
2　田辺国男（または田邉國男）は1967～1979年に山梨県知事を務める。その前後は自由民主党・衆議院議員。山梨県全県区、のちに比例南関東ブロックを選挙区とする。

平井　身近な例を出してくださり、ありがとうございます（笑）。

倉山　中央で予算を取ってくるのが今の国会議員の権力の源というところがあるけれども、やっぱり、地元を押さえているやつにはかなわない。なぜ小沢一郎[3]が生き残れるのか。あるいは江藤隆美[4]が落選してもなぜ族議員だっ

たのか。今につながる日本政治の源流がここにある。

3　小沢一郎は岩手県出身。選挙区は岩手3区。自由党共同代表。自由民主党→新生党→新進党→自由党→民主党→国民の生活が第一→日本未来の党→生活の党→生活の党と山本太郎となかまたち→自由党と、猫の目のように変転する政界状況を率先してリードして（混乱させて）きた。アクの強いキャラクターで嫌う人も多いが、根強い人気がある。行く先々の党で幹事長や代表などとして政界で実力をふるってきたが、首相（候補）にはならない。

4　江藤隆美は自由民主党の元衆議院議員。総務庁長官、運輸大臣、建設大臣を歴任。宮崎県生まれ。旧宮崎1区のち宮崎2区を選挙区としていた。

倉山　中央志向の畠山政長と地方志向の畠山義就の対立というのが互角に激突していて、畠山義就こそが史上最初の戦国大名だという人もいる。

　　　学界の中でも、中世において朝廷や寺社、そして没落後の室町幕府の権威がどれくらいあったのかについては、京都を中心とする西日本で強い学派は「権門体制論」を推し、幕府も朝廷の権威も重要だったとします。東日本で強い学派は「東国政権論」という実力がすべてだという説をとります。この両者の対立は、カトリックvsプロテスタントのような〈宗派対立〉がありまして（笑）。キリスト教とイスラム教の違い、と説明する人もいます。というわけで、専門家として日本中世史を勉強しようという学生は畠山氏の政長と義就の対立を押さえておくべき理由がある。

平井　畠山氏の動向が、これほど重要だとは知りませんでした。

倉山　その一方で、斯波氏の対立はというと単なる内輪もめです。義廉と義敏の違いは、忘れたときに調べればいいや

という程度の問題です。私は18歳で大学受験、その後、塾講師もやり、室町時代をテーマにした本（『倉山満が読み解く太平記の時代』『倉山満が読み解く足利の時代』青林堂）なども書いている人間ですが、いまだにどっちがどっちか正確に覚えていません。

斯波氏についての問題を出すのなら、別によっぽどマシな問題があります。細川勝元は東軍ですが、敵方西軍の斯波義廉が強かった。義廉は越前・尾張・遠江の守護でした。その有力家臣に朝倉敏景（その後、教景→孝景と改名。曾孫も朝倉孝景を名乗る）という人がいて、こちらも強い武将だったのです。そこで勝元は「おまえ、東軍に寝返ったら越前の守護にしてやるから」と朝倉を寝返らせたのです。

平井　へえ〜。

倉山　斯波氏の家督争い（義廉 vs 義敏）と絡んで西軍に義廉、東軍に義敏がいるのだから、義廉を追い払うのは本来、義敏の役目なんだけど、細川勝元は頼りない義敏を見捨てて、朝倉を使いました。そして、見事、朝倉が寝返って、義廉をひっくり返した。だから、その朝倉敏景こそが史上最初の戦国大名だという説もある。

平井　へえ〜。なるほど。

倉山　斯波氏の義廉や義敏などは名前を覚える必要もないマイナー人物で、朝倉敏景を覚えたほうがよっぽどいい。

平井 それにしても、「最初の戦国大名」が何人もいるんですね。さっきの畠山義就もそうだった。

倉山 「最初の戦国大名」が誰かは見方によって違ってくるということだよね。昔は北条早雲だって言われたけど。

平井 そうか〜。教科書では、その後、天地創造じゃないですけど、応仁の乱のあと「各地に戦国大名が現れました」と急にポーンと出てきて、それをいきなり覚えさせられる。細川政元がブイブイいわせてた頃を意図的に排除しているということですよね。

倉山 その間を埋めるのにいい本があります。『大間違いの織田信長』(KKベストセラーズ、2017年)。室町流の、「人に言うことをきかせる法則」を述べています。あの本は平井先生もアシスタントとして手伝ってくれましたよね。

平井 「戦国時代は権威と実力の時代」の項ですね。戦国時代は実力社会だというイメージですが、その一方で権威主義の時代でもあったと。掌握した権力を安定して持ち続けるために、自分より上の権威を必要とする原理がある。将軍は天皇から認められてこそ将軍であり、守護大名は将軍からお墨付きをもらってこその守護大名であると。

倉山 そうそう。同列の仲間から1つ抜きん出た存在になるには、ランクが上の権威に認めてもらわなければならな

い。朝倉は実力で認められたんだけれども、認めたのは細川。結局、幕府の権威の中に取り込まれた人なのです。その後、敏景から5代目の子孫（玄孫）の義景の代には、朝倉家など100年前に大名になったばかりのくせに名門貴族ぶり炸裂で、身の程をわきまえず傲慢な態度をとり、将軍義昭の威光を使った信長に滅ぼされてしまいます。このように、戦国時代にあっても室町幕府の権威というのはタダモノではなかったのだと『大間違いの織田信長』では詳しく語りました。

主役は織田信長なので細川時代の話はしていませんが、室町から戦国時代にかけての大名たちの行動様式について理解を助ける書となっています。

平井 そういうところからちゃんとした知識を持っていないと、結局、歴史そのものがわからなくなりますよね。

倉山 良問、悪問の話に戻りますが、斯波氏の「義廉」と「義敏」について、その違いを答えさせる問題は悪問に過ぎません。

平井 ほんとミクロですね。どうでもいい。

倉山 でも、早稲田なんか「義廉 vs 義敏」程度のものは楽勝問題として出さないね。もっとミクロな問題を出すよ。「義廉・義敏」なんて下手すると中学入試の知識系悪問の典型例だね。いわゆる受験、丸暗記脳の弊害は、はや、小中学生をも蝕んでいる。

　　　　本書でも東大のことをさんざんボロクソに言ってます
　　　　けど、受験生に考えさせる問題を出題してますよね。そ
　　　　の点、まだ救いようがある。それにしても、東大って、
　　　　もう何十年も問題傾向が変わってないような気がする
　　　　ね。

平井　ここに「27カ年」ありますよ（『難関校過去問シリーズ
　　　東大の日本史27カ年』教学社。通称赤本。27年分の入
　　　試問題と解答、解説が掲載されている）。27年、変わっ
　　　てないんじゃないでしょうか（笑）。

倉山　ちょっといい？（赤本を手に取る）うん、まったく変わっ
　　　てないね。25年前の問題でも同じ傾向だもんね。でも、
　　　何十年も前に「25年間、問題傾向変わってない」と思っ
　　　たので40〜50年、変わってないと思うよ。

√日本史より世界史のほうが自虐的

倉山　日本史の問題について話してきましたが、実は、日本史
　　　と世界史を比べると、世界史を勉強したほうが自虐的に
　　　なります。これは、すでにいろいろな著作で述べてきた
　　　ことなので、ここでは簡単にまとめますね。日本で「世
　　　界史」と呼んでいるものは何かというと、〈中華サマと

そのオマケの東洋史〉と〈英仏独のつまみ食いが野合した西洋史〉、その2つがさらに野合したものなんですよ。

平井 野合と野合が連立政権を組んだといったところですね。

倉山 そう。でも、野合と野合はどこまで足しても野合なんですよね。その隙間に各研究者が「オレの専門のことを書き込んでくれ」とスペースの奪い合いをやっているから、面白いもの、わかりやすいものになるわけがないわけですよ。それで、教科書の執筆陣は自分の専門の事項を一行でも多く書き込むために一生懸命やっていて、反日的なことを書こうという余地など、基本的にないんです。しかし、その「世界史」の中に日本はどう扱われているか。日本は「世界」を遠くから眺めているだけです。そんな「世界史」を学んだ生徒は、結局、中華、ヨーロッパが世界の中心であって、日本は辺境の地、はずれの下っ端だという意識になってしまいます。

平井 「世界」の中に日本がないかのように書かれちゃっているんですよね。

倉山 あるいは、日本が世界の辺境になっている。

平井 自分たちはもう蚊帳の外。どっかその辺にある小さい国というぐらいの、いわば雑魚キャラかな。

倉山 そう。世界の雑魚キャラ扱いになっているので、日本史を学ぶより、よっぽど自虐的になる。日本史で「従軍慰安婦」などという言葉が出てきても、少し賢い子はネッ

ト情報なども仕入れて、いろいろなことを知ってるから「怪しいな」と思うんだけど、世界史の場合、それに気がつく余地がない。

平井　そうですね。

倉山　「漢の初代皇帝・劉邦が匈奴にカツアゲされてる」なんて調べて見つける子は、めったにいないもんね。

平井　世界史って、踏み込んで勉強するタイプの科目じゃないですもんね。

倉山　そう。この科目は、いかに踏み込まないで、つまみ食いするかが大事なんですよ。

平井　それで、ただ広く浅く知識を学んで覚えていくんですよね。日本史の場合は、とりあえず何か出てくるので、その気になれば、それについて突っ込んで調べることができるし、そもそも細かい突っ込んだ知識が出題されるから、調べようという姿勢が養われる。世界史はそもそも出てこないので、書かれていないものについて調べる子は、まずいない。
　これも本書のコアメッセージに関わる問題です。結局、全体像が見えてないということなんですよ。日本史は細かい所しか見ず「全体像」を見ていない。一方で、世界史は全体像ばかり見て「過程」を見ようとしないのです。

倉山　というか、そもそも日本史と世界史って両方習うの？

平井　高校の授業で両方履修する人は多いと思いますが、それが世の中で生きていくために、どれくらい意味のあるものになるかは……（苦笑）。

そして、「日本史」と「世界史」の両方を、大学受験に通用するレベルで勉強する高校生は1学年につき、おそらく1000人程度ではないでしょうか？

倉山　そんなに少ないんだ。

平井　現在の日本の18歳人口は、大体120万人くらいなんですが、多分その中で日本史と世界史を両方勉強して受験する人数は、1000人ぐらいだと思います。割合として1200人に1人です。

その理由は大学入試の科目設定にあります。大学入試には、主にセンター試験と各大学の個別試験の2種類がありますが、社会科の科目を受験で使うのは主に文系の生徒です。普通は、日本史・世界史・地理のうち1科目を使って受験するんですが、「地理」で受験できる大学は限られてしまうので、事実上、「日本史」と「世界史」の2択から1つ選びます。これが、日本史と世界史を両方選ぶ人がほとんどいない理由です。

そして、1000人の根拠ですが、日本で唯一、大学の個別試験で社会を2つ選択して受験させる大学が東大です。東大だけは日本史・世界史・地理の3科目の中から2つ自由に選ぶシステムなので、「日本史」と「世界史」を両方受験する生徒もいます。つまり、「日本史」と「世

界史」を大学の個別試験レベルまで勉強する子は東大受験者にほぼ限られてしまうわけです。

そして、その東大入試の地歴2科目の組み合わせは3種類。「日本史・世界史」か「日本史・地理」か「世界史・地理」なんですが、その中の一番人気が「世界史・地理」と言われています。

東大文系の受験者は毎年全部で3600〜3700人います。社会の選択の仕方が3通りあるから、3で割ると1200人。一番人気が世界史と地理の選択であることを考えると、日本史＆世界史選択も、恐らく1000人くらいだろうという計算になります。

倉山 「世界史・地理」が一番多い？

平井 通説ではそうです。「世界史」と「地理」は内容が重なる部分が多いので、有利だと言われています。出てくる都市の名前や国の名前、川や地方の名前などが共通していると……。

倉山 勉強しやすくて、楽なのね。

平井 でも、僕はこの通説には距離を置いています。まず、東大合格者のアンケートを取ったときに、日本史の平均点が他の2つに比べて高いというデータがあります。

また、「世界史」と「地理」の共通点に触れる人はいますが、「日本史」と「古文」との関連性が高いという点を指摘する人に出会ったことがありません。多分、社会

の先生が進路指導するときに、古文のことがわからないんだと思いますけどね。

それに、東大の社会の試験時間は150分で、その中で選んだ社会2科目をどの時間配分で、どの順番で解いてもよいという形式なんですが、地理の問題は、他の2科目に比べて記述量が多くて時間がかかります。150分のうち90分くらい時間をかける人も多い。だから、地理を選ばず、日本史と世界史を選択したほうが、ゆっくり考えて記述できるから有利という見方もあります。

つまり、もうちょっと多角的に見ながら判断したほうが良いのでは？　という疑問を投げかけたいということなんですが。

倉山　なるほど。「地理」は難しいって聞いたけど、実際はどうなの？

平井　「難しい」という言葉が主観なので、何とも言えないのですが、今のところの僕の所感では世界史が一番難しくて、日本史が一番簡単だと思います。とは言っても、僅差ではあるので、断定しづらいのが本音です。

倉山　安易には決められないと。

平井　そうです。そんな入試の細かい話より、読者の皆様が興味のありそうな話をすると、「地理」は、まず科目名がおかしいですね。「日本史」・「世界史」・「地理」の3科目を合わせて地歴という括りになるんですが、僕から言

わせれば、「日本史」「世界史」「その他」です（笑）。日本史と世界史に入らなかったのを、全部合わせて「地理」って名付けちゃえって感じ。

倉山 それ、うまいこと言う。あれ、「地理」になってないもんね。「地理」を名乗るな！　って言いたい。

平井 全部をごちゃまぜにしたのが「地理」っていう印象です。本来の地理学って何なのって感じ。

倉山 戦前は「地政学」だったんだよ。

平井 GHQに禁止された科目は、修身と国史と地理の3つだと習いますけど、その地理っていうのが地政学だったんですよね。

倉山 今はいったい何をやっているのか。科目の存在そのものの意味がわからないよね。

平井 農業、工業、漁業もあるし、都市の話があるかと思えば、人口の問題もある。食料も経済も環境問題も国際組織も出るし、民族紛争も気候も扱う。とにかく、その他全部なんですよ。

倉山 政治・経済の要素も入ってくるしね。

平井 入りますね。だから、僕の塾では地理の授業なのに、近代経済の話から入ります（笑）。

倉山 感覚的にざっくりまとめると、日本史が深さで、地理が広さで、世界史がその中間かな。でも、3つとも、主要

科目じゃないからね。

平井　そうなんですよね。

倉山　そうすると、やっぱり、歴史教科書が偏向していても、実はたいして怖くないということかもね。

平井　歴史教科書の偏向が怖いというより、日本の教育全体のレベルアップが見られないことのほうが、よほど怖いです。

√下位層は信じ、上位層は俯瞰する

◎読解力の定義

平井　次に、国語にいってみようと思います。実は、数学の先生と思われることが多いですが、国語の読解の授業も結構評判が良いです（笑）。

倉山　国語を解く上で最も大切なことは何、って聞かれたら、どう答える？

平井　そうですね～。「長いものにまかれたフリをすること」ですかね。別の言い方をすれば、「空気を読むこと」と言っても良いかもしれません。
　　　国語を解くときには、登場人物が3人います。筆者と、

受験生と、出題者です。このうち、最も偉い人は誰でしょうか。

倉山 当然、出題者。

平井 そうなんです。まず、この認識がない人が多いので、困ったものです。技術を教える前に、姿勢を教えてくれと思うのですが、なかなかそういう先生は多くありません。国語というのは、出題者の意図を正確に読み取り、出題者が答えだと思っているものを当てるゲームです。一番偉いのは出題者であって、受験生はおろか、筆者もこれに逆らえません。冗談になりませんが、「このときの筆者の気持ちを答えなさい」という設問は、筆者には答えられないそうです。
出題者が、どのように筆者の気持ちを忖度したかを探るのが国語のルールです。

倉山 正確に言うと、筆者・作者は脇に追いやられているよね。ほとんど異次元空間にいると言ってもいい。

平井 はい。そうです（笑）。

倉山 3階建てになっているんじゃなくて、別の建物の2階にいる。

平井 あ、それ、うまい表現ですね。ところが、その出題者の意図を読み取る感覚を持っていない子がけっこう多い。ほとんどの子は、権威を疑いません。歴史をはじめ、「教科書は正しいんだ」「学校で教わることに嘘はないんだ」

と鵜呑みにして学んでしまう子ばかりです。

でも、なかには一部、勘のいい子がいて、「ちょっと違うんじゃないか」と距離をおき、教科書や先生の言うことが本当なのか、信じられるのかを考えられる子がいます。

そういう子は、「採点する人はこう書いてほしいんでしょ」と上から目線で解答を書くようになります。

倉山 敗戦直後には、憲法9条なんて、外交官はバカにしていたものです。しかし、今や、9条信者が外務どころか財務省にまで入っちゃうわけでしょ。左傾化した内容で有名な学び舎の歴史教科書みたいなひどい本が灘・筑駒・麻布で使われているということは、いわゆる上位校が昔のエリートの下位層になっちゃってる。

これが日本の教育の劣化として深刻な問題なんだよね。昭和20〜30年代はもっと意識が高くて、おかしなきれいごとは、みんなバカにしきっていたもんね。「そういうことを書けばいいんでしょ」「宮沢(俊義)さんがそう言ってるんでしょ」ヘラヘラと。

それが今や、本当の上位層以外はバカにしていないよね。

平井 そうなんです。すっかり信じ込んでます。僕もそうでしたし。あ、笑えないですね。

倉山 その学び舎の教科書を使っているという上位校の場合、生徒の素材はいいんだろうから、社会科を一生懸命学ばない理系のほうがまだ、救いがあるかもね。

平井　理系科目にイデオロギーは入りにくいですから。平等だし、公平ですよね。

倉山　さすがに数学教科書が狂ったら終わりだよね（笑）。金正日の算数とか。

平井　ははは。どんな算数ですか？

倉山　「日本人が5人いました。将軍様が3人射殺しました。何人生き残っているでしょうか？」と民族憎悪を教える。

平井　それで言うと、昔テレビで、こんな問題も見たことがありますよ。北朝鮮の算数の教科書だったと思うんですけど。「枝に鳥が5羽止まっていました。鉄砲で3羽撃ち殺しました。さて、枝に残っているのは何羽でしょう？」

倉山　2羽じゃないの？

平井　答えはゼロなんです。なぜかというと、鉄砲の音で鳥が逃げるから（笑）。

倉山　それ、算数じゃない（失笑）。

平井　「なんだよ、それ」って感じ。

倉山　国語の問題？　設定がおかしいよ。

平井　冗談はさておき、結局僕は、さっきの話をどこに着地させるかというと、「読解力」の話です。
国語や英語では、読解力が大事だって言われます。「読解力がなくて文章が読めない」って、僕も小さい頃ずっ

と言われていました。

でも、読解力の定義って聞いたことがありませんよね。そこで、僕は勝手に読解力を定義しています。

倉山 ほう。その心は？

平井 文章の読み方には、2種類あります。1つは「精読」、もう1つが「読解」です。

違いは何かというと、精読は文字に書かれている情報を読み取ること。そして読解は文字に書かれていない情報を読み取ることです。

定義するっていうのは、この本のテーマで言うなら「可視化」してるってことですね。イメージや印象で話すと、フワッとした議論になってしまいますが、定義すると誰にでもハッキリわかりやすくなります。

例えば、「吾輩は猫である」という七文字で、「精読」と「読解」をしてみましょう。精読をすると、「自分は猫だ」という情報を得るだけです。I am a cat. でも同じですね。一方、読解をして、文字に書かれていない情報を読み取ってみましょう。例えば、「吾輩」という言葉を若い人で使っている人は、まずいませんよね。ということは、「ご年配の人が書いた文章なのかな」もしくは「昔、書かれた文章なのかな」と、論理的に推理することができます。別に、「デーモン閣下が書いた文章なのかな」でも良いでしょう（笑）。

他にも、猫なのに日本語を話している、つまり、擬人化

している点に注目します。すると、「奇抜な設定で読者の興味を惹いているな」とか、「ファンタジーなのかな」などと想像できます。

さらに、〈です・ます調〉ではなく〈だ・である調〉の文章であることも読み取れます。

つまり、文字情報を読み取るだけが「全体像」ではないということです。

倉山 プロの作家だったら、「吾輩は猫だ」と「吾輩は猫である」どっちを選ぶかっていうのも、重要なところだね。

平井 おお、そこを指摘してきた生徒は、今までいませんでした。

倉山 なぜでしょう？

平井 リズムの問題じゃないですか？

倉山 そうです。響きがいい。「吾輩は猫だ」では余韻がない。

平井 感性ですよね。

倉山 でも、その感性って、理屈じゃないからね。

平井 はい。第1章で話したように、数学も感性ですし。

倉山 実際に編集者・出版社の立場でも、本のタイトルに「吾輩は猫だ」と「吾輩は猫である」のどちらがいいかというのは、結果的に売れたか売れなかったかでしかわからないですもんね。正解がないから、みんな悩む。

平井 超売れっ子作家の倉山先生から、そんな話を間近で聞け

るなんて、なんと贅沢！

国語の最初の授業、ここからスタートすると、だいたい感心してもらえます。今まで、適当に使ってきた言葉を、ちゃんと厳密に使うというのが新たな視点なんだと思います。

倉山 そうだよね。私が聞いても勉強になります。自分では自然とやっているけど、そう言って教えたことはなかったな。

平井 実は、このアイデアは、ある生徒に読解の授業をしているときに、急に降ってきました（笑）。

しかも、第1章で散々やった「憲法と憲法典の違い」からヒントを得て思いついたものです。憲法は歴史伝統文化で文字になってないもの、憲法典は憲法をもとにわざわざ文字にしたものですよね。

普通の人は、文字に書かれた憲法典がすべてだと思っています。その証拠に、憲法の条文を変えるか変えないかという議論ばかりです。ところが文字になっていない憲法だって、たくさんある。

倉山先生から習った憲法学を勉強していて、文字に書かれていない憲法、つまり歴史伝統文化を踏まえた上で議論するのが大事だと伺ったので、その発想を読解力にパクりました。

倉山 そう言われると妙に納得しちゃう。だから、ネトウヨってバカなんだね。ネットの記事を見て、そこに書かれて

ある文字でしかものを考えないから。本でも記事でも、そこに書いてあることを読むためには、そこに書いてない知識が必要なんだよね。それはパヨクも同じだけど。

平井 そうなんです。だから、「文字に書かれていることばかり追っちゃいけないんだ」という意識を持ってほしいと思っています。「誰それが何をした」じゃなくて「誰が登場しないか」を読む！
先ほど、「世界史と日本史の違い」のところで、実はここで話したいことの布石を入れていました。
日本史は深く勉強するけど、世界史は"つまみ食い"の科目。だから、深く突っ込んで勉強しようとしなくなるという話があったと思います。

倉山 日本史は「全体像」を無視し、世界史は「過程」を無視しているという話ね。

平井 そうです。勉強が苦手な子は、書かれているものを、そのまま正しいと思い込みます。得意な上位層は、書かれていることを疑い、上から目線で問題を解きます。
しかし、書かれているものは疑えても、書かれていないモノの存在を知ることはできません。具体的に言うと、受験の日本史や世界史の勉強をいくら極めても、絶対に国際法や地政学、戦略学の発想は身に付かないのです。
倉山先生は地政学の本や国際法の本をお出しになってますよね。お陰様で、僕は幸い、地政学や国際法からの発想がそもそもないと、正しく世界史を見ることができ

ない、ということを学びました。「鎖国」とは何だったのか？ 「虐殺」とは何か？ 正しい知識やそれまで気づかなかった新たな視点を取り入れると、見方がすごく変わります。
試験では、表面的な知識、いわば「書かれたもの」や教科書に載っているものをいかに学習したかが問われるだけですから、難関校の入試を突破しただけでモノを知っていると気取らないほうがいいと思います。

倉山 例えば、9条改正についての議論で、私が「国際法に基づいて議論しましょう」という立場で話し始めたとしても、相手が「国際法」の意味するところがわかっていないと議論にならないのです。私にとっては話の前提なんですが、場合によっては正反対に取られてしまうことがあります。私は、「慣習国際法に合わせて武器を普通に使えるようにしろ」と言いたいんだけど、相手は「国連憲章に合わせて自衛隊を縛れ」と受け取ってしまうとか。「軍事合理性に基づいた議論にしよう」というのを、「国際法に基づいた議論をしよう」と言い換えているだけなんですけどね。

平井 そういうのって、字面だけではわかりませんからね。

倉山 与えられた文字だけでモノを考えるヤツは、所詮、支配されるだけ。

平井 受験ですらそうですからね。

倉山　やっぱり、受験で勝てない人というのは、永久に支配され続ける。そんな人が、いくら東大や朝日や韓国の悪口を言ったって勝てない。

平井　はい。**コアメッセージ③「全体像をつかめ！」**ですよね。

◎東大国語にテクニックはいらない。ユニバースを理解しろ！

平井　全体像といえば、今年の東大の国語の第一問には面白い文章が出題されていました。物理の素粒子の話もあれば、フランス革命や明治維新、前九年合戦や地理の赤道の話もあり、さまざまな分野の話題を散りばめた文章だったんです。その問題を見たときは、生徒に理系寄りの話ももっとしておけばよかったと思いました。結果的にその生徒は東大の文系に受かったからよかったんですけど。

　やっぱり、「自分は理系だから文系科目はいらない」とか、「文系だから理系の知識なんかいらない」と思っていてはいけません。そんな人は、一生全体像がつかめないで終わってしまいます。

倉山　東京大学は、実は、ユニバーシティたらんという建前がある日本で唯一の大学なんです。だから、出題意図は「宇宙＝ユニバースを説明できる人間だけが、ウチの大学に入ってこいよ」ということなんです。

平井　はい。文系志望者にも数学を課しますし、理系でも国語

があります。

倉山　それに、東大の国語は、設問の文より先に本文を読んだほうがいいんです。この点でも日本で唯一かもしれません。

平井　ほお。どういうことですか？

倉山　普通の大学の問題は、設問を読んでから本文を読みますね。センター試験なんかその典型です。東大だけは逆。正統派なんだよね。

平井　トリッキーな問題が出ないからこそ、直球勝負でできる問題が何年もずっと出続けているわけですね。

倉山　そう、本文を読んで、1問目から解いていけばいいと。漢字なんてサービス問題だから、落とすなよと。何のために東大でこれを出すのかわからない。

平井　あれは謎ですね。

倉山　配点はどうせ1点か2点でしょ。

平井　1点ずつか2点ずつだろうと言われています。

倉山　とにかく、東大国語というのは、良問とまでは言わないけれども、ちゃんと建前は持っている問題なんですよ。「読解力のある人間が受けに来いよ」と。それに、悪文は出ない。

平井　そうですね。

倉山　まあ、東大国語が解けたら立派な人になれるというものではないけど（笑）。
　　　あと、もう1つ言っておきたいことは、社会に出ていたら誰でも解ける問題なの。でも、18歳でそれを解くのは簡単ではない。

平井　そういう早熟な人間を育てようとしているようなところ、ありますよね。

倉山　そういう傾向がある。東大を受験しない人は問題を見たことがないから知らないんだよね。よっぽど早稲田のほうが悪問です。

平井　ええ。東大のほうが、ずっと解きやすいですよ。早稲田の国語は日本一難しいと言われることがあります。

倉山　東大を落ちた人が、早稲田・慶應なら受かるかというとそうでもない。両方落ちるということはよくあるもんね。

平井　「あるある」です。

倉山　有坂誠人さんが出していた国語の本に『例の方法』ってあったでしょ（有坂誠人『有坂誠人の現代文速解　例の方法』学研プラス、1987年）。東大の問題を解くのに、その「例の方法」、いらないもんね。
　　　「出題者の意図を知るために本文より先に問題文を読め」に始まり、「逆接の接続詞の前は読むな」とか。

平井　ああ〜。いわゆる読解テクニックですね。

倉山　東大で問われているのはテクニックではなくパワーだけだもんね。中大は、東大のマネして簡単な問題しか出ない（笑）。楽勝！　そういう構造をわかっておかないとね。結局、なんで難しい試験に合格したはずの官僚が、あんなバカなことをやるんだ？　と。その答えは簡単で、早熟なやつに特権を与えるシステムが東大受験だから。そういう社会のしくみがわからないと「くにまもり」はできない。

平井　いずれにしても、「全体像」を見て、大きく捉えること、世界観が重要です。先ほども言いましたが、いくら受験でエリートになっても、国際法や地政学、戦略には出会えません。せめて、東大を目指そうというなら、自分の知らない世界に飛び込んで、いろいろ学ぼうという姿勢がほしいと思います。
ということで、次は戦略の話です。

√簡単な問題から解け！　〜戦略の重要性〜

平井　噂で聞いたんですが、東大模試で毎回１位を独走していたのに、余裕で臨んだ本番で不合格になったという人がいるそうです。

倉山　どうしてそんなことになったの？

平井　端的に言って、戦略の概念がなかったからなんですが、その前に、僕の塾の数学の指導法を紹介して良いですか？

今年、僕の塾から東大に合格した生徒に、受験直前に何度も繰り返し伝えていたのが、「試験開始5分はペンを持ってはならない」です。なぜかと言うと、筆記用具を持つと、解きたくなってしまうからです。

普通は試験開始の合図があったら、冊子をめくって第1問から解き始めると思うんですが、僕は絶対そうしません。まず、背伸びをします（笑）。「よっしゃ〜やるか〜」と、まずはリラックスします。

それから冊子をめくると、1問目が目に飛び込んできますが、ただ見るだけ。解きません。問題文を読み終わったら、ページをめくって、2問目を見るけど、もちろん見るだけです。そして、3問目、4問目…と全部、目を通します。要するにまずは「全体像」をつかんでいるのです。それから、どの問題から手をつけるか決めます。「○問目をこの辺までやって、×問目はこの辺まで、△問目はこの辺まで、□は、ちょっと難しいから後回し」などと優先順位をつけます。解答にあたって、どの順番でどのくらい手を付けるかのストーリーを描くわけです。そうしたら、初めてペンを持ちます。この間、5分程度。このように「まずは全部の問題に目を通してしまえ」と指導しています。

数学の問題は、原則としてすべて「誘導問題」です。(1)

の答えが（2）につながり、（2）の答えが（3）につながっていく、というように作られてます。

しかし、何も考えないで問題を解き始めると、（2）以降にどうつながるかなんて考えずに（1）を解くことに集中し過ぎてしまいます。そして（1）を解き終わると、（1）は過去のものとして記憶から消え去って、新たな問題として（2）を解き始める。つまり（1）の誘導に乗ることができなくなってしまいます。

だから生徒の口から「あー、（1）が（2）の誘導になってたのか‼」と、あたかもすごいことに気付いたような感想が飛び出ますが、バカバカしい話です。そもそも全部、誘導問題ですから（笑）。

それもこれも、全体像を見る前に、部分に注目するからです。初めに全体像を見ておけば、バカバカしい落とし穴に落ちることもありません。

倉山 今のは大事な知識だと思いますよ。当たり前のようで、けっこうできていない人が多い。

平井 はい。事実、冒頭に挙げた東大模試1位の人は、これができていなくて、戦略なしに1問目からがむしゃらに解いて、その1問目が難問であったために、本番で落ちてしまったということらしいです。

僕に言わせれば、悲劇としか言いようがありません。指導者が、優秀な生徒の能力を無駄遣いしているようにしか見えません。

倉山　今、東大数学って何問あるの？

平井　文系4問、理系6問です。

倉山　後ろから4、3、2、1問目の順に解いていくこともできるよね？

平井　ありえます。

倉山　小問はつながっているから大問4の（1）（2）（3）……を全部解いたあと、次は大問3の（1）（2）（3）……を解いてと。「大問1は一番難しいから、解けなくてもいいや」などという判断をするわけですね。

平井　はい。というか、それがあるべき姿です。

倉山　私は次のような人を知っています。やさしい大問4から解いていったのはいいけれど、小問（1）も解き終わらないのに、一番難しい大問1の小問（1）に行って結局時間切れで、何もできなくって零点という人。

平井　へえ〜。

倉山　まず、できることは経済政策、一番難しいのは憲法改正。そんなことはわかっているのに、景気回復が終わらないうちに、憲法改正に手をつけて、結局、何もできないで終わってしまう人のことです（笑）。

平井　んん？　あれ？　もしかして……。
　「大問1」、「大問4」を「憲法改正」、「経済政策」に入れ替えたら、全部意味が通じちゃった⁉

倉山　結局、誰かさんは受験脳が足りないから、経済より先に憲法に取り掛かってしまうんですよね。そういう、タワケたことをやっている。だから、東大の合否レベルとは関係なしに、その程度の戦略がなくて、東大を出た官僚に太刀打ちしようなんてね～。

平井　小学生だって、やる子はやってますよ。

倉山　小学生といえば、『偏差値40の受験生が3か月で一流大学に合格する本』（松原好之・倉山満共著、扶桑社、2014）で受験3日前の1月28日に偏差値28だったホゲー君を43のところに受からせてあげた話があります。そのホゲー君の短期決戦受験戦略にはいくつかありますが「算数の点数を上げるために、全部の問題を解こうとしない」「算数の文章題15問のうち捨てるものは捨てる」など「解ける問題から解く」原則を攻略法として掲げています。

平井　そうですよね。小学生だって、知恵をつけてあげれば解ける問題から解こうとするのに。

倉山　今の日本は、私が戦略を教えてあげる前の小学生ホゲー君が首相の国だよ。

平井　戦略的に見れば、小学生も中学生も高校生も大学生も大して変わりません。習っていないから当たり前かもしれませんが、国家としてそれで良いのか、という話です。

√日本国憲法〜改正が難しい順に並べよ〜

倉山　受験の専門家で、未来の日本を支える人材を輩出する平井先生に、私が練習問題を持ってまいりました。

平井　…………。

倉山　日本国憲法7条、9条、53条、96条、97条のうち改正が難しい順番に並べていただけませんでしょうか？

平井　無駄に僕を褒めちぎる形容詞と敬語が気になるんですが……。でもお答えします。とりあえず、9条。

《日本国憲法　第9条》
　一　日本国民は、正義と秩序を基調とする国際平和を誠実に希求し、国権の発動たる戦争と、武力による威嚇又は武力の行使は、国際紛争を解決する手段としては、永久にこれを放棄する。
　二　前項の目的を達するため、陸海空軍その他の戦力は、これを保持しない。国の交戦権は、これを認めない。

平井　うーん、2番目は…、難しいので、とりあえず一番簡単なのが7条ですよね。

《日本国憲法　第7条》
　天皇は、内閣の助言と承認により、国民のために、左の国事に関する行為を行ふ。

　　　　　　　　　　（中略）

四　国会議員の総選挙の施行を公示すること。

（「総選挙」の「総」は誤植。参議院議員は半数ずつ改選されるので、衆参同日選挙をしても国会議員全員を入れ替える総選挙にはならない）

倉山　……と、両脇が決まる。ここまでは簡単かな。

平井　96条が改正規定でしたっけ？

倉山　そう。

《日本国憲法　第96条》
　一　この憲法の改正は、各議院の総議員の三分の二以上の賛成で、国会が、これを発議し、国民に提案してその承認を経なければならない。この承認には、特別の国民投票又は国会の定める選挙の際行はれる投票において、その過半数の賛成を必要とする。

平井　97条は11条と重複するから要らないという条文ですよね。どっちも「基本的人権は大切なのだ～」と言ってるに過ぎないから、片方を削っても良いという。

《日本国憲法　第11条》
　国民は、すべての基本的人権の享有を妨げられない。この憲法が国民に保障する基本的人権は、侵すことのできない永久の権利として、現在及び将来の国民に与へられる。

《日本国憲法　第97条》
　この憲法が日本国民に保障する基本的人権は、人類の多年にわたる自由獲得の努力の成果であつて、これらの権利は、過去幾多の試

練に堪へ、現在及び将来の国民に対し、侵すことのできない永久の権利として信託されたものである。

倉山 96と97の難易差は難しいから後回しにして、53条はその2つより難しいか簡単かを先に考えよう。

《日本国憲法　第53条》
　内閣は、国会の臨時会の召集を決定することができる。いづれかの議院の総議員の四分の一以上の要求があれば、内閣はその召集を決定しなければならない。

平井　これは、野党の岡田克也さんの発言と絡む項目でしたね。

　昨年末、岡田克也氏率いる野党は憲法の規定に従い臨時国会の開催を要求した。野党が衆参いずれかの四分の一の数を集め臨時国会の召集を要求した時は、内閣は応じなければならないとの規定に従っての事だ。しかし、53条の規定には期限が明記されていない。安倍内閣は外交日程などを理由に拒否し、一月からの通常国会の開会を早めることで対応した。

　当然、岡田氏は憲法違反をなじり、自民党改憲案にも「内閣は、臨時国会の召集を決定することができる。いずれかの議院の総議員の四分の一以上の要求があったときは、要求があった日から二十日以内に臨時国会が召集されなければならない」とあるではないかと迫った。

　つまり、野党第一党党首である岡田克也氏が指摘する日本国憲法の不備であり、改正を要求している条文なのである。改憲派にとって幸いなことに、どうやら岡田克也氏は新党結成になっても参議院

選挙まで党首の地位に留まるらしい。これを奇貨とせず、何とするか。

　安倍内閣は、53条を「岡田さんが言い出したことなので一緒にやりましょう」と打ちだすべきだ。まさか岡田氏も自分の言い出したことに反対するほど非常識では無かろう……とは自信を持っては断言できぬが……仮にそのような態度をとった場合でも与党や改憲派に損はない。

　　　　「改憲はこの条文から始めよ！　倉山満が評す安倍内閣の憲法論」より
　　　　　　　　　　　　　　　　（https://ironna.jp/article/2989?p=3）

平井　53条は、野党が言ってきているわけだから、政治的に合意を求めやすい。だから、96条、97条より53条のほうが簡単です。まとめると、簡単な順に7条、53条、そして96条と97条のどちらか、最後が9条。

倉山　あとは96と97の難易度だけが問題です。96条が改正規定で97条が重複。ほぼ変わらないけれど難しいのは？

平井　個人的には97条の重複を削っていいのではないかと思いますけど、難しいかなあ。

倉山　いや、平井君のその考え方で正しい。難しいのは96条のほうだよ。97条が変わっても何も変わらないけれど、96条のハードルが下がれば改憲しやすくなる。逆に96条さえ守っておけば絶対に憲法が変えられない。
　だから難しい順だと、正解は9、96、97、53、7。

平井　やった！　当たった‼

倉山　もう少し問題の解説をしておきましょう。7条はただの

誤植です。これを変えられなかったら何を変えられる？（笑）

平井　誰も反対できない。というか、反対するために無理矢理にでも理由を作る共産党や社民党の意見を聞いてみたい（笑）。

倉山　7条は本来ならば、とっくに変えているべきもの。いまだに変えていないのが不思議。変えない理由が見つかりません。
そして、9条は本丸で最も難しい。
53条は護憲派の岡田さんが言い出してくれた条文なので、2016年春の時点ならば、ものすごくハードルが低かった。当時、私は「七五三改憲」と叫んでいました。

平井　9条よりも7条や53条に注目せよ、ということですね。

倉山　97条は本来、変えてもいいものなんだけれども、自民党改憲案が下手をやってくれたので、逆にハードルが上がってしまいました。

平井　何をやったんですか？

倉山　自民党が削った案を出したら、護憲派が「人権侵害だ！」と言い出した。

平井　改憲するには、そういう人をも相手にしなければならないんですね。

倉山　そう。

96条は9条を守るための手段なので難しいと言えば難しいけれども、9条よりはマシ。96条が変わらなければ憲法改正はならないだろうという、敵にとっては有効な武器だから、これはおそらく9条の次に変えるのが難しい。というわけで難しい順は9、96、97、53、7。

平井　納得のいく順番です。

倉山　ところが、いきなり9条から始めているバカがいる。

平井　一番難しい問題から解き始めて不合格になる東大受験生と同じですね。

倉山　あえて喩えれば、自民党が9条改正などと言い出すのは、偏差値40の受験生が東大数学の最難問から解きにいって東大合格を目指しているようなものです。本当ならば、そんな人はセンター試験で足切りですが（笑）。

平井　何度も触れましたが、**コアメッセージ③「全体像をつかめ！」**ですね。結局、全体を視野に入れずに9条だけ見ているから、比較ができていないんですよね。他はどうなっているのかという全体像もなければ、優先順位を決めるという戦略もない。

倉山　なんでもいいから日本国憲法の条文が変わるところを見たいなら、7条でいいじゃない？
ところが、「思い出改憲」したい人たちが、それじゃ嫌だと言って、9条に体当たりするわけですよ。一見カッコよさそうだけど、できもしないことを絶叫していて。

平井　本当に、今9条改正に体当たりするのは、小学生が東大入試にチャレンジするようなものです。

倉山　平井先生のほうがひどいことを言ってる（笑）。

平井　結局、受験でも何でも積み重ねがあるわけですよ。Aを片付けてからBで、その次にCに取り掛かり、最後にDと、順序がある。だから、結局、**コアメッセージ①「過程に注目せよ！」**です。ゴールだけ見て、過程を考えないからダメなんです。

倉山　そう。全体像も見ていないしね。

平井　それと同じで、結論が一緒でも過程が違うということは大いにありえるので、最終目標が9条改正でも、そこに至るにはステップがあるというのは、わりと自然な発想だと思うんですけど。

倉山　頭の固いご老人たちには、無理なんですよ。
　ところで、コアメッセージ①「過程に注目せよ！」に関して、思いついたんだけど、憲法論議では、プロセスが大切です。憲法論議には結論が2つしかありません。護憲派か改憲派の2択です。しかし、大切なのは、その人がどういう論理のプロセスを経て結論にたどり着いたかです。

平井　数学もプロセスが大事で、出した答えが間違っていた場合、どこかで計算ミスをしているのではないかという発想になります。だから、その間違いを探さなければなり

ません。「護憲派は不勉強だ」とか「もの知らずだ」と言っている保守側も、結局はそれで終わってしまう。本当は護憲派の理論のどこがおかしいのかを指摘するのが大切なのに。

倉山 憲法理論で言えば、日本国憲法には誤植がある。それを日本人のほとんどが知らないで放置してきた。それに加えて誤植をも変えさせない勢力がある。

平井 まともに議論する気があるのでしょうか。

倉山 護憲派はおかしいとわからせる戦略を実行しないと。

第4章 南京大虐殺と三角形の内角の和

√大東亜戦争 ～試験エリートの失敗～

倉山 本章では、近現代史をめぐる問題についてバシバシ斬っていきましょう。まず、大東亜戦争。その敗因については『お役所仕事の大東亜戦争』(三才ブックス、2015年)や『負けるはずがなかった！大東亜戦争』(アスペクト、2015年)に詳しく書きましたので、そちらを参考にしていただくとして……。「圧倒的に国力の違うアメリカに無謀な戦争を挑んだ日本はバカだ〜」のように言われることが多いですよね。

平井 そういう歴史観が一般的だと思います。

倉山 そこで、本当はアメリカとの国力の差がどれくらいあったのか、検証してみましょう。国力や戦力の差って、どの数字を持ってくるかにもよるんですが、岩畔豪雄は10倍としていました。

「陸軍中野学校」を創設し、謀略戦の専門家である岩畔豪雄大佐は在米日本大使館に赴任し、非公式の日米交渉に参画。1941年8月に帰国すると、政治財界の有力者らに対米戦の無謀さを説いて回った。政府・軍の最高指導部による「大本営政府連絡会議」では、独

鉄鋼	20 対 1	飛行機	5 対 1
石油	100 対 1	船　舶	2 対 1
石炭	10 対 1	労働力	5 対 1

1 = 日本

自調査に基づいた米国との国力差を示すデータを公表する。

「総合戦力は10対1。大和魂をふるっても日本は勝てる見込みはない」と締めくくった。ところが、岩畔大佐は翌日には東条英機陸相から直々に、カンボジアの駐屯部隊への転属を命じられた。

(高橋昌紀『データで見る太平洋戦争』毎日新聞出版、2017年、66〜67頁)

倉山 アメリカは日本の30倍の力があったという人もいる。確かに部分的なデータを持ってくれば、30倍の違いにもなるんだけど。

平井 石油だと100対1ですから、確かにこの数字だけ見ると、無謀な戦いをしたように思えてしまう……。

倉山 それらは主に経済力の話ですよね。しかし、この本のコンセプトは、部分よりも全体を見よ！　絶対評価は誰にでもできますが、相対評価をすることが大事です。例えば、日露戦争のときはどうだったでしょう？

平井 具体的に数字はわかりませんが、大東亜戦争のときより、厳しかったと考えるのが普通ですよね？

倉山 大東亜戦争は負けるはずのない戦いだったのに対して、日露戦争は勝てるはずのない戦いでした。だから当然、日露のほうが国力差は開いてます。ざっくりまとめて百倍です。

人口	3対1	GDP	3対1
国家予算	8対1	銑鉄	40対1
海軍力	3対1	常備兵力	10対1

1＝日本

(編集部まとめ)

倉山　もちろん、いろいろな数字があります。当時ロシアの国民は1億4000万人もいるのに、日本は4400万人だけ(数字は横手慎二『日露戦争史』中公新書より)。兵員数では根こそぎ動員しても日本はロシアの半分程度にしかならない。

平井　はい。ロシアのGDPは日本の3倍。戦艦の数の比も倍以上違いますね。それに、日本の国家予算が2.5億で、ロシアは20億でしたね。よく勝てたなぁ。

倉山　で、もっとすごいのだと、ベトナム戦争の場合、北ベトナムとアメリカの経済力の差はいったい何百倍あったのでしょう？

平井　そうですよね。そもそも北ベトナムは経済が成立していたのかどうか（笑）。と聞くと、国力差の比較って、意味あるのかって気になりますね。

倉山　日米開戦直前、日米の国力差が大きいから戦争は無理だという主張に対して、「日露戦争のときにはもっと国力差があった」と東條英機は反論しました。それは確かにそうなんです。でも、彼自身に深い考えがあったかというと、単なる精神論。

平井　それ、良い例ですね。数字は道具。使う人によって無意味にも武器にもなります。

倉山　靖国神社の境内に遊就館という博物館があります。そこに大東亜戦争の大きな地図がありますが、見たことあ

る？　カナダからマダガスカルまで広がっている。

平井　ああ、遊就館に世界地図みたいなのがありますよね。

倉山　ホント、世界地図だよ！　広過ぎ。あんなバカな戦い方をしたら勝てるものも勝てないよね。

平井　僕の塾でも、戦線を拡大し過ぎてはダメだとよく言ってます。結果を出せない子ほど、戦線を広げてアレコレ手を付けようとします。

倉山　なぜそうなるかというと、陸海軍ともに大学校のシステムがおかしい。陸海軍で「優秀」とされるのは演習で勝つ人なんです。
実戦演習や机上演習などのシミュレーションで、一定の状況下、自分が指揮官だったらどうするか、それが問われる。そこまではいいんだけど、判定官の先生がアホだったら終わりなわけ。

平井　第3章で話した国語と同じですね。出題者ですべて決まるわけです。

倉山　そう。それに、採点者の先生の気に入る解答をした人が正解になっちゃう。

平井　なるほど。

倉山　だから、試験エリートの失敗の本質はそこにある。

平井　ジャッジする人がちゃんとしてないと、全部ダメになるんですね。

倉山 そうです。『銀河英雄伝説』[1]の自由惑星同盟ですら、そうですからね。ヤン・ウェンリーは軍事より歴史に興味のある青年だったのに、士官学校で首席のマルコム・ワイドボーンとのシミュレーション戦で圧勝したためにエリートコースの戦略研究科へ。卒業後のヤンは軍に入隊するものの、やっぱり出世欲がなくて最初は昼行灯状態だったんだけど、惑星エル・ファシルから300万人の民間人を救出したことから「エル・ファシルの英雄」として一躍有名になった。

1 『銀河英雄伝説』田中芳樹による小説。マンガ・アニメ化されている。1980～90年代のヒット作だが、根強い人気を保ち、2018年春からリメイク版アニメ『銀河英雄伝説 Die Neue These（ディ・ノイエ・テーゼ）』が新たに放映されている。民主制の自由惑星同盟と皇帝独裁制の銀河帝国の対立を、それぞれの主人公ヤン・ウェンリーとラインハルト・フォン・ローエングラムの活躍を中心に描く。帝国側では貴族政治の硬直性を、同盟側では民主政治の腐敗や欺瞞を描き、特に軍事合理性を無視した政治的決定の様相がリアルに描写されている。

倉山 ちなみに、その話にはモデルがいる。木村ショーフクって知ってる？

平井 しょうふく？

倉山 本当は木村昌福。名前を音読みした「ショーフク」があだ名なの。「キスカ島撤退作戦」の指揮官です。1943（昭和18）年、アリューシャン列島のキスカ島で、霧に紛れて米軍の包囲から部下全員約5000名の将兵を無傷で逃したという奇跡の脱出劇なんです。

平井 すごい！

倉山 でも、この木村さん、海軍兵学校での成績は良くなかったんです。同期が120人ぐらいいるんだけど、下から10番ぐらいの席次だった（将口泰浩『キスカ撤退の指揮官』産経新聞出版によると118人中107番。）。

平井 へえ〜。

倉山 自由惑星同盟では〈エル・ファシルの英雄〉ヤン・ウェンリーがどんどん出世して艦隊司令官になります。連戦連敗をごまかすため、政府が国民向けプロパガンダとして、ヤンを英雄に仕立て上げたからです。

一方、木村さんは卒業時の成績が悪かったために、最高指揮官となることはありませんでした。結局、海軍兵学校防府分校教頭兼防府海軍通信学校校長として終戦を迎えています。末期帝国海軍は、末期自由惑星同盟よりも無能です！（笑）

その体質、今は変わっているんですか？ 木村昌福なんて、普通の人は名前も知らないよね。

平井 つまり数字だけで語るなってことですよ。戦力差も、テストの成績も、それだけですべてわかるわけではありません！

倉山 数字を無視するのも、数字だけで考えるのもいけない。

平井 ものすごく当たり前の話をしますけど、数字って計算した結果、出てくるんです。ということは計算した人がいるということ。数字から主観を取り除くのは、不可能で

す。数字に騙される人って、大前提として恐らく数字を信じてる人ですよね。まずは数字は道具だという感覚を持つと、リテラシーが身に付くと思います。

√(従軍)慰安婦問題　〜戦い方を考えよう〜

◎戦術より戦略　〜個別の問題ではなく、歴史観が大事〜

平井　その大東亜戦争における日本軍の汚点として長年語られてきた問題が南京大虐殺と従軍慰安婦問題です。

倉山　しかも、戦後だいぶ経ってから出てきた問題。慰安婦なんて80年代からだよ。

平井　ちょっと調べればすぐにわかることなんですけどね。でも最近になって、ようやく一般の人も、嘘八百だって気付き始めてきたようなところがあります。

倉山　(明らかにやる気ない様子)もう、まとめちゃうよ。(従軍)慰安婦は相当な金額のお金をもらっていました。ほとんど日本人です。平たく言うと売春婦です。

平井　「性奴隷」などという言葉が作られたりしましたが、そもそも収入をもらっている時点で奴隷じゃないですからね。なんとまあ、待遇の良い奴隷だこと。

倉山　ただね〜、これ、右も左も問題にし過ぎ。従軍慰安婦なんて山川教科書に1回出てくるだけですよ。

平井　山川の教科書『新日本史B』を見ましょうか。従軍慰安婦は325ページです。

倉山　1回だけ？

平井　そうです。しかも「従軍慰安婦」。「従軍」がついています。

倉山　本文にある？

平井　はい。「また、多数の朝鮮人や占領地域の中国人を、日本に強制連行して鉱山などで働かせ、さらに朝鮮人女性などの中には従軍慰安婦になることを強要されたものもあった。」とあります。

倉山　ちょっと見せて。山川さん、本文に格上げしたんだ。合計2行ですね。昔は注だったのに本文に格上げになりました。とはいえ、だから何なのでしょう？（笑）
つまり、考えなければならないのは、受験教科全体の中で日本史のウエイトがどれくらいで、さらにその中で（従軍）慰安婦がどれくらいかということ。

平井　センター試験で言うと、900点満点のうち100点分です。そのうち近現代史は、20点か30点くらいでしょう。東大入試でも、440点満点のうち、日本史の配点は60点。そのうち、近現代史の配点は15点分あります。
ちなみに、そもそも日本史を選択しない受験生も相当数

います。

倉山　過去問で従軍慰安婦って出たことがありましたっけ？

平井　ないと思いますけどね。

倉山　あえて言うならセンター試験の本文で好き勝手なことを書くレベル。

平井　というか、従軍慰安婦については資料がありませんから、設問にならないんじゃないですか？

倉山　うん。つまり、従軍慰安婦のことなど勉強しても試験で点数を取れない。だから、まともな受験生は勉強しない。

平井　設問にするとしたら「従軍慰安婦の問題というのがありまして…」とねじ込むしかないですかね。あ、中学入試ではそんな感じでしたっけ。

倉山　勘違いして勉強しちゃう子もいるにはいるけど、例外中の例外。あるいは、勉強しなくてもできるような子が趣味で日本史を学んでいて興味を持ってしまうことはあるかもしれないけど、それぐらいだよ。
　だから、その2行があったから何なの？　むしろ教科書全体のトーンが問題ですよ。

平井　あまり良い言葉ではないですけど「洗脳」っていう言葉を使うなら、バレるようにやるのは下手な洗脳ですよね。バレないように仕込んで気付いたら染まってたのが良い洗脳です。従軍慰安婦みたいに、注目されやすいと

ころは捨て駒でしょう。それ以外の、気付かないうちに自虐的になる部分のほうが本体だと考えても良いと思います。

倉山 全科目のなかで「歴史」自体が、どうでもいいような扱いになっている。そこがまず問題なのと、その次に、歴史教科書の世界観だよね。

外国の教科書と比較してみたらいい。普通は自国を中心にして世界を語る。世界史も自国史なわけです。

平井 日本の教科書ばかり見ず、「全体像」として海外との比較をすると、いろいろ見えるんですよね。

倉山 私の師匠である鳥海靖先生は1980（昭和55）年に、日米社会科教科書交換調査会議に日本側を代表して参加し、アメリカ側の意見についてこう記しています。

　我々から見ると日本の歴史教科書は、やたらに事実を詰め込んで羅列的に過ぎ、内容が無味乾燥に失するように思えるのだが、アメリカ側から言わせると、きちんとコンパクトに基本的史実を盛り込んであって、簡潔ではあるが非常に正確で手際良く作られているというのである。

　　（鳥海靖『日・中・韓・露歴史教科書はこんなに違う』、扶桑社、2005年）

倉山 つまり、外から見ると「よく歴史をコンパクトにまとめているね、すごいね〜」なの。でも、そこで日本人が愛国心を持とうが持つまいが、外国の人にとってはどうでもいいことなのです。

鳥海先生はまた、アメリカ側から指摘された問題点を3つにまとめています。

　第一点は、二十世紀の国際政治におけるアメリカとソ連の役割についての記述のスタンスには、かなりソ連寄りという偏りがみられる。第二点は抽象的で多義的な概念や用語（たとえば「帝国主義」）が、内容の十分な説明のないままに濫用されている。第三点は、アメリカを実際以上に強大な存在として描く反面、日本自身をアンダードッグとして描く傾向が濃厚である。

（鳥海靖、前掲書）

倉山　すでに1980年代、「その小国意識をなんとかしろ」とアメリカ人に言われていたわけですね。鳥海先生は、この日米社会科教科書交換調査会議に対して、その当時、さまざまな妨害工作が日本国内にあったことにも触れています。

　アメリカで開かれる第二回の会議に出発する直前、某教科書会社の幹部から、会議への参加取り止めを求める電話があった。お断りすると再度、電話があって、「出席されるのは止むを得ないが、会議で、日本の歴史教科書の内容を具体的に取りあげて、その内容を批判するようなことは一切させないで貰いたい。これは、我が社の社会科教科書の執筆者すべての意見です」と言うのである。その教科書会社の出版する教科書執筆陣は、日教組講師団の人々が中心で、その当時、義務教育の社会科教科書の中では、かなり高いシェアを維持していた。執筆陣の総意というのが本当ならば、背後には恐らくもっと上部の団体の意向が働いていたものであろう。

（鳥海靖、前掲書）

倉山　それで、他国の教科書はどうかというと、ものすごく分厚い。鳥海先生によると、アメリカの教科書は「日本の2～3倍の分量」があったそうです。フランスなんて1850年からの歴史だけでも分厚いの。

平井　外国では歴史教育に熱心なんですね。

倉山　フランス革命について論じ出したら終わらない、ナポレオンもいらない！　とばかりにその本は革命が一段落した19世紀半ばから始まる。そして、「世界史」という科目はありません。「歴史」です。フランスを中心に世界を語る。自らが世界の中で、どう生きるかという歴史観なのです。

　アメリカ人なんて「ボストン大虐殺」ですよ。1770年にボストンでイギリスの統治に不満な植民地人が暴徒化し、イギリス軍がそれに発砲して起こった事件ですが、この「ボストン大虐殺」という事件で何人死んだか知ってますか？

平井　大虐殺っていう言葉からイメージするに、数万人ですか？

倉山　5人です。「大虐殺」というのは5人からなんですね（笑）。このボストン大虐殺（Boston Massacre）はアメリカ独立戦争のきっかけにもなった事件で、その5人の名前はウィキペディアレベルでも載っていますよ。

　死者：ロープ製造業サミュエル・グレイ、水夫ジェームズ・コー

ルドウェル、混血の水夫クリスパス・アタックス、17歳のサミュエル・メイブリック（群衆の後ろにいたが跳ね返り弾を受けて翌日死亡）、30歳のアイルランド移民パトリック・カー（2週間後に死亡）

（ウィキペディア「ボストン虐殺事件」より）

倉山 アメリカの教科書は「その殺された5人の殉教者のために、人々が武器を持って立ち上がり、アメリカ合衆国ができたんだ」という歴史観で歴史を教えているのです。まあ、Massacre に「大」のニュアンスがあるかどうか知りませんが、南京 Massacre を「大虐殺」と訳す人はいる（笑）。

平井 自国に有利に歴史を教えるわけですね。

倉山 それに対して我が国の教育はどうか。我が国の成り立ちは、我が国はどういう国か、そもそも、そういう視点があるのか。そういう話をしないと意味がない。

韓国の歴史教科書は自民族主義全開で朝鮮民族がいかに素晴らしかったかということを感情的に書き連ね、中国の教科書は歴史学の成果ではなく、何よりも政治教育・思想教育で貫かれている。こういうのは論外で、まったく参考になりませんし、参考にすべきものでもありませんが、諸先進国と比べても、日本の歴史教育は、何のための歴史かという哲学がなさ過ぎます。

日本の教科書は確かに偏向しています。しかし、偏向させている左翼の連中にも、政治的な意図はあっても、大局的な歴史観があるとは思えない。そんな左の術中には

まって、ちまちまと戦術の話をしたってしょうがない。戦略で勝たないと。

平井 慰安婦問題とか、微細なところで勝ってどうするのかということですね。まさに「全体像」が見えていない。小さい勝ちを得るために全力を投入し、大きな勝ちをみすみす見逃しているわけです。

倉山 先日、はすみとしこさんとも話しました。もぐらたたきも大事だけど、もぐらの巣を攻撃することが大事なんだと（倉山満×はすみとしこ対談本『パヨクの正しいdisり方』ヒカルランド、2018年6月発売）。

平井 まあ、「慰安婦」には、こだわり過ぎですよね。

倉山 そうは言っても、完全にほっておくわけにもいかない。「次世代の党」が一生懸命に取り組んでいたのが、慰安婦問題でした。当時、次世代の党の山田宏さん（現在は自民党）たちが菅義偉官房長官と親しかったので、「河野談話」に反撃するために、あれは「河野談合」[2]だったと検証したけれど、では、それ以後「河野談合」はどれくらい広がりましたか。

2 1993年8月4日に、河野談話（慰安婦関係調査結果発表に関する河野内閣官房長官談話）が発表された。慰安婦が強制であったと認め謝罪する内容で、その後、今にいたるまで慰安婦問題に関する日本の外交姿勢を決定づける談話となった。その後、2014年6月20日、第二次安倍政権は、河野談話を完全否定することはできないものの、河野談話作成の際に日韓両国の間に文面の調整があった経緯を発表した。そのすり合わせが「河野談合」と呼ばれる。

平井 ぜんぜん広まってないですね。「河野談話」は有名ですが、

「河野談合」なんて知らない人も多いと思います。ということで、簡単に僕のほうで補足しますが、河野談話っていうのは、本当は嘘なのに、河野官房長官が慰安婦に関して韓国に謝罪してしまったもの。でも実は事前に日韓の間で内容の合意があったことがわかりました。

倉山 つまり、談話ではなくて、談合だったのです。

平井 これを受けて、倉山先生が「河野談合」という言葉を拡散したんですが、結局広まってない。これまで河野談話って呼ばれていたものが、河野談合に変わったら、一気に慰安婦問題への意識も変わるのですが。

倉山 でも、そのときには敵は別のネタをやっているよ。徴用工とか、沖縄とか、なんでもあり。そして、何より南京。

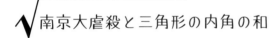
南京大虐殺と三角形の内角の和

◎虐殺とは何か

倉山 南京大虐殺についてはね、私は、面白い体験をしています。大学院に入ったばかりの頃、「オレのじいさんは南京で大虐殺をしたって言ってるぞ」と言う人がいました。「証拠はあるんだ。お前、なに南京大虐殺はまぼろし[3]などと言っているんだ！」と。

3　鈴木明『「南京大虐殺」のまぼろし』という本がある。1973 年に初版刊行。2006 年にワックから改訂版。

倉山　ここで、問題です！　こういう人に対して、どう対応したらいいでしょうか？

平井　そのじいさんが、本当にいるのかを確かめる。

倉山　ああ、そもそも、発言者が存在しているかどうかというのも問題だね。でも、この場合は、「じいさんからこれこれの話を聞いた」と、そこに嘘はないとしましょう。

平井　失礼しました。

倉山　では用意した解答ですが、まず、そのじいさんの証言の証拠能力を問わなきゃいけない。史料に残っているから歴史学になる。それで、文字に残っていたら、虐殺だと言っているのが歴史学者なんですよ。

平井　そうですね。

倉山　問題はここ。「では、虐殺の定義は？」と聞きます。すると彼らは、広辞苑を持ってきて「むごたらしく人を殺すこと」と書いてあるのを読み上げます。そこで私が「むごたらしく人を殺すだけでは、国際法上、虐殺にならないんですよ」と言うと、「お前は国際法学者か!?」と来る。

平井　会話にならないですね。

倉山　でも、そういうのは当の「じいさんがうんぬん」の彼だけじゃない。歴史学界の多数派がそうなのです。私のほ

うが奇人変人あつかいされて、その場の全員がせせら笑っている。実話ですよ。南京大虐殺は学界の通説なんです。

平井　ふ〜ん、信じがたいけど、そんな感じなんですね。南京大虐殺は事実で、日本軍を徹底的に悪者にしたてあげないと生きていけないという感じですか。

倉山　そう。「国際法のような詐術を持ち出すヤツがいる」と白い目で見られる。

　　　彼らは勝手に言葉の定義を決めるわけです。虐殺とは不法殺害であるとか、捕虜を殺すことは虐殺であるとか。

平井　確認ですが、国際法上の「虐殺」の定義は、「理由もなく、むごたらしく殺された状態」で良いですか？

倉山　その通り。厳密に言うと、国際法上の虐殺（Massacre）の定義に当たります。

平井　「理由もなく」の部分に注目すると、理由ありありですもんね。有名なのは便衣兵が日本軍に襲い掛かってきたとか。

倉山　そう。理由があるから、大量殺戮の定義に当てはまりません。

平井　ちょうど手元に、山川教科書があるので読んでみます。

　日本は大軍を投入し、1937年末に首都南京(ナンキン)を占領した。その際、日本軍は中国軍捕虜(ほりょ)・一般中国人を含めて少なくとも数万人以上殺

害し、国際的な非難を浴びた（南京大虐殺）。

山川出版社『新日本史Ｂ』316ページ

倉山 それは国際法の虐殺の定義に当たるんですか。

平井 その一言で南京大虐殺は終わり。ということですね。

倉山 終了です。どんなにたくさん「私は虐殺をしました」というような証言を集めてきても、個人の戦争犯罪が立証されるのが、関の山です。「無理やり目をくりぬいた」とか、「人間ハンバーグにした」みたいな史料が出てきたら別だけど、普通に射殺するぐらいだったら、国際法上合法なわけです。戦闘なんですから。「虐殺の犠牲者ゼロ」で終わりなんです。

平井 定義なしに、色んな人が好き放題に言いまくってるから、議論が散らかるんですね。

倉山 でも、防衛研究所の良心と言われる原剛さん[4]までが、勝手に虐殺の定義をしている。

---

4 元陸上自衛官。防衛省防衛研究所調査員。「近代日本史料研究会速記録集」p110〜112に（3）南京事件関係史料がある。http://kins.jp/pdf/hara%20takeshi.pdf

平井 へぇ〜、それは驚き。

倉山 虐殺の定義は国際的に国際法で決まっているのに、それを抜きにして、自分が虐殺だと決めたものが定義だと言う。

平井 国際法より自分のほうが偉い！

倉山 学術用語（テクニカルターム）というのがあるのだから、普通の日本語で読まれたら困る。
例えば「善意」という言葉は、普通の日本語の「善意」と民法の「善意」では意味が違いますからね。

平井 そうなんですか。

倉山 法律上の「善意」は「知らなかった」という意味。だから、心がきれいかどうかというのは関係ないわけ。

平井 知らなかったです。でも、学問をやると言葉の定義ってものすごく大切ですもんね。数学だって、定義からいろいろ始まりますから同じです。
僕が東大に理系で入って、初めて受けた数学の授業では、数字の1の定義や0の定義からやりました。そんなのわざわざ定義するんだ、と驚きました。

倉山 そういうことを無視して、歴史学以外の学問で確立されている定義を使うことをとことん嫌う。一次史料を読んで、読書感想文を書くのが歴史学。

平井 でも、それこそが歴史学者だって思い込んでる日本人もいるんでしょうね。

倉山 歴史学者って、学者じゃないから。

平井 そうなんですか。

倉山 正確に言うと、近代史家の大半は学者じゃない。古代・中世・近世史家は文書学（もんじょがく）を修めているので、そこは違い

があるんだけど。近代史家の論文は、本当に、なんにもない読書感想文なんです。

平井　読書感想文ですか。「私は一次史料を読んで、こう思ったんです」と言うだけと。わかりやすい喩えですね。

倉山　いや、喩えじゃなくて、そのまま。「私は一次史料を読んで、こう思ったんです」と言うだけ。

平井　……。

倉山　信じがたいだろうけど、事実。定義が問題になるといえば、南京大虐殺が嘘だから、アウシュビッツも嘘だと言うのが日本の保守だと思っている恥ずかしい人たちがいるんですよ。

平井　これも定義をちゃんとしない、ということですか？

倉山　いや、恣意的な定義をする。

平井　プロセスをねじまげて、いかに自分に都合のいい結論を導き出すかということですか。

倉山　それは個人レベルの問題かもしれませんが、学界単位で狂っているのが経済学と歴史学。この２つがどう狂っているかを、今から超有名な公理を使って説明しましょう。三角形の内角の和は180度ですよね。

平井　どんな三角形でも、必ず内角の和は180度です。

倉山　経済学者というのは「もしかして内角の和が180度では

ない三角形があるかもしれない」と疑って議論を始める人たちです。そして、歴史学者はさらにその上を行き、この世に存在するすべての三角形の角度を測っていく。

平井 これはわかりやすい‼ そんなことをしてるんですね。

倉山 経済学者もいい加減に頭が悪くて、まさに「デフレのときに増税したって景気が悪くならない方法があるかもしれないじゃないか」と主張するわけですよ。

ところが、歴史学者は本当に「すべての文字を読んでからじゃないとダメだ。南京大虐殺に関係する文字史料のすべてを検証しないと無かったなどと言えないはずだ!」と。そんな調子では、なかったという証明なんか絶対にできない。

算数を知っていれば「三角形の内角の和は180度」で終了。いちいち調べなくていい。虐殺の定義も国際法で終了。ところが、連中は嫌なの。彼らに「国際法」を語らせると、理由もなくむごたらしく殺したと主張するわけです。ところが、理由はありまくりなわけですよ。それに殺したにしてもむごたらしくはない。国民党軍の統率者である唐生智（とうせいち）が兵に玉砕命令を出して、自分だけ逃げたという時点で、日本軍が統率のとれていない兵士を射ち殺しても虐殺にならないわけですよ。

平井 ひどいなあ。数学であれば、一度証明し終わったものを、疑う人もいないし、疑う人は変人扱いされて終わりです。理系の世界では公理や定理、定義を狂わせたら学問

になりませんよ。相手にされなくなります。「なに角度、測ってんの？」という感じですよ。実際に、全部の三角形を調べるって、それ、プロパガンダとか捏造とか、創作とかも調べるわけですよね。

倉山　しかも、ときどきごまかして引き分けに持ち込もうとする。そういう人が歴史学者だから、学び舎をはじめ、日本の多くのなげかわしい教科書が刊行されるわけですよ。
　　　逆に「挑発がなかったと証明できるの？」「日本軍に理由がなかったという証明ができるの？」と言ってやりたい。唐生智が玉砕命令出して自分が逃げたのだから、もう国際法上の軍隊じゃない。単なる暴徒だよと。

平井　はい。終わりました。

倉山　Q！　E！　D！　立証終了！

20世紀最大最悪の為政者は誰？

平井　南京大虐殺は虐殺の定義に当たらないということで、議論は終わりでしたが、世界には日本が逆立ちしても超えられないほど人を殺している人がたくさんいます。

倉山　超えなくて良いよ。

平井　人類史上、最も人を殺した人は誰か、というトピックがよくあります。ヒトラー、スターリン、毛沢東などなど。ほかにも、ポル・ポトや金日成…。

倉山　殺した人間の数は、どいつもすごいよね。民間人を大量に殺戮したという意味でF・D・ルーズベルト（含トルーマン）や李承晩も入れようか。ルーズベルトとトルーマンを一緒にしたのは、原爆投下の計画者がルーズベルトで実行者がトルーマンだから。

毛沢東＝自らの権力を確立するために粛清につぐ粛清を行う。また、大躍進政策では収穫の量にかかわりなく農民から作物を取り上げ、輸出や援助に充てていたため、農村では飢餓が発生。さらに文化大革命の犠牲者を合わせると毛沢東政権下では7000万人あるいはそれ以上が死亡しているとされる。

スターリン＝強制収容所に収容された人数は数百万とも数千万とも。スターリン時代に強制労働従事者は全労働人口の一割を占めたとも言われ、事実上の奴隷制。収容人数も不明なら死者数も不明。おそらく数百万人が死亡したとされる。また、農業集団化を強行し農民のモチベーションを下げ、飢饉にもかかわらず穀物輸出のためにわずかな収穫を強引に調達。飢餓による死者は500万人にも達したという。

特にウクライナの被害が大きく、黒川祐次『物語ウクライナの歴史』中公新書によれば、この飢饉によりウクライナ共和国では350万人が餓死し、出生率の低下を含めた人口の減少は500万人におよび、その他北カフカス在住のウクライナ人約100万人が死ん

という。冷戦後、ウクライナからは、ホロコーストに匹敵するジェノサイドだという声が上がっている。

ヒトラー＝ホロコーストの犠牲者約600万人。この数字は過剰評価で100万人台であろうという説もある。人数規模的には前記の二人の後塵を拝するが、ヨーロッパで行われたこと、被害者が世界中にネットワークを持つユダヤ人であったこと、何よりも第二次世界大戦の敗戦国であることから大々的に悪魔化され、現在に至る。

F・D・ルーズベルト（含トルーマン）＝広島・長崎への原爆投下による死者は約20万人。東京大空襲など日本全土への空襲の死者を含めると米軍の爆撃による死者は50万人とも100万人とも言われる。後遺症などによる後日の死者を含めれば、犠牲者数はさらに増す。

ポル・ポト＝医師や教師などの知識階級を殺害するなど自国民を虐殺。ポル・ポト政権下の死者数は約170万人。総人口700万人の国であったから、国民の2割強が死亡した計算になる。もっとも、これも正確な数値はわからず、多い統計では犠牲者は300万人にも達したとするものもある。

金日成＝毛沢東やスターリンと同様、金日成もまた自己の権力を固める過程において粛清につぐ粛清、反体制派への弾圧を行い、農民からの無理な徴収で飢餓を発生させている。その被害総数は不明だが、少なくとも10万人と推定されている。

李承晩＝朝鮮戦争中に政治犯などを大量に殺害した。虐殺された人数は20〜120万人と言われる。

倉山　このリストを見ていると金日成や李承晩がまだマシに見えちゃいますね。

平井　ほんとに。怖すぎる。

倉山　毛沢東、スターリン、ヒトラーが桁違いだね。

平井　数学的に正しい意味で、桁違いです。

倉山　でも、この場合、問題は相対評価とは何かということです。

平井　さっきの戦争での戦力差の話でもそうですけどね。全体像が見えないと、適切な相対評価ができません。

倉山　どういう相対評価をするか自体がその人の頭のよさです。保守の人たちの中には「アメリカ人が一番人を殺しているじゃないか」という人もいる。なら、中華人民共和国、ソ連、ナチス・ドイツ、北朝鮮、カンボジア、李承晩時代の韓国、アメリカ。行きたい順に並べてみろと。

平井　行きたい順！　面白い視点ですね。

倉山　逆に行きたくない順だと、文革時代の中国とスターリン時代のソ連、金日成の北朝鮮、ポル・ポト時代のカンボジア……が上位なのは間違いないけど。

平井　選びたくない選択肢ですね。

倉山　ほぼ比較にならない。

平井　確かに。ナチス・ドイツではいちおう基準がありますからねえ。ユダヤ人とか、ロマとか、同性愛者などではな

く、政治活動などをしないで普通に暮らしている分には収容所送りにはならない。でもユダヤ人なら行きたくない国ナンバー・ワンでしょうね。

倉山 ある日、道を歩いていたら、突然、殺されるという毛沢東体制が最悪？　あ、ポル・ポトもひどいなあ。毛沢東、スターリン、ヒトラー、金日成、ポル・ポトというのは、もうほぼ比較する意味がない。どちらが何秒、生存できる可能性が高いかみたいな世界だから。人間としての合格最低点を切っているよね。

そこを比較すること自体がまったく意味がない。つまり、「この中で誰が一番悪いでしょうか？」のような問題があったら、問題文そのものを疑えという話ですよ。

平井 答えなくていい問題。あるいは、答えた人が間違っていますという問題ですね。受験エリートには、身に付かない視点です。

倉山 でもね、普通の人はとりあえず悩んで答えるだろうけど、なかにはアメリカが一番悪い国だと即答するヤツがいる。

平井 いるいる。理論とか比較ではなく、感情論で語る人ですね。

倉山 いったい、どこの国のスパイですか。保守でもいるんだよね。与えられた問題は絶対に解かなくてはいけないという間違った受験脳も困るけど、受験脳すらなくて必ず間違う連中はもっと困る。

いかにルーズベルトやトルーマンが日本に原爆を落としたと言っても、アメリカ合衆国は人は殺してはいけないという建前が通じる国です。黒人リンチとか、いろいろな問題はあるにしても、それを良しとして大統領が公然と黒人の殺害命令を出すようなことはないわけです。
李承晩は時期にもよりますね。朝鮮戦争中、住民虐殺などをしていた時期と、学生運動の時期とはまた違う。それに、虐殺事件は戦時下の異常事態での措置とすれば、かろうじて合格最低点ぎりぎりみたいなところがある。「アメリカが一番悪い」式のバカなことを言うヤツは、きっと、受験でも勝っていませんよ。
また、本気で毛沢東、スターリン、ヒトラーの誰が最も多くの人間を殺しているかと、実証主義的研究と称してやっている人もいます。では、ヒトラーのホロコースト600万人が嘘だという説が正しかったとして、それでも、どう考えたってユダヤ人を100万人は殺してるんでしょ？　そうなると100万と600万の違いって意味あるのか。そこまでいったら数の問題じゃないでしょ。
毛沢東やスターリンは1億人殺したという説もあるけれども、公式見解でも毛沢東は文革で40万人殺してるんですよ。40万人だったらいいんですか？
人口比でいうとポル・ポトが最悪なんだよね。多い統計を信じると国民の3分の1を殺している計算になる。

平井　こういう人たちを比較しても、どうしようもないですね。

倉山　金日成にしたって拉致された蓮池薫さんの立場からしたら、毛沢東やスターリンよりマシでしょと言われたって何の意味もない。

　　　ちゃんとした思考力があったら、こういう問いにまじめに取り組み出す間違った受験脳にならないということです。もっとも、毛沢東の研究者は毛沢東が世界で一番だと思っている。スターリンの研究者はスターリンが一番だし、ヒトラーの研究者はヒトラーが一番。その結論を導き出すために牽強付会に取り組んでいる。

平井　自分の研究している人が一番なんですね。

倉山　そう。研究対象を愛しているんですよ。

平井　結局、自分が一番になりたいだけじゃないですか。

倉山　本当に、そうなの。歴史学者の大半はそういう気持ち悪い連中なんです。だから理系にバカにされるんだよね。

平井　何度も言ってますが、数字には主観が必ず入るのと同じですね。毛沢東の研究者は、無理矢理にでも毛沢東が一番だという根拠をひねり出してくるように、数字だって色んな計算をして、色んなグラフを使って、"数学的"な結論を作るんですよね。数字は自然に出てくるものではなくて、作る人の意図が必ず絡んできます。

倉山　大事なことだから、何度も言って。

平井　数字に関しては、計算「過程」が重要です。計算の仕方

によって数字は大きく違ってきます。計算「過程」を見ずに計算結果の数字だけ見て信じてしまうのも問題です。でも、往々にして計算結果だけが独り歩きしていますけどね。その毛沢東1億人虐殺説の1億なども、どういう計算なのか過程が詳しく書かれているものはなかなか見ませんが、1億人にしたくて1億人に計算を合わせていると思いますよ。もっとも、慎重に計算した結果、それが「実は7000万人でした〜」でも、ちっとも罪は軽くなりませんが。

倉山 その3000万人の誤差って、まったく意味がない。人の命を何だと思っているのでしょう。つまり、合格最低点に達していないこいつらが、1億人殺したか7000万人殺したかなんて、議論すること自体に意味がない。
何度も言うようだけど、こういうもっともらしい問題をまじめに解いちゃダメ。
財務省の手口がこれ。その問題を解いて、答えを出したこと自体が罠。

平井 「ねこじゃらし」の原理。ある問題を解かせることによって、ほかの問題に目が向かないようにするという手口ですよね。

倉山 そう。「増税しても景気が悪くならない方法を考えろ」という問題がありましたね。その問題を解いて答えを出した瞬間に地獄が待っている。

平井　「増税したら景気が悪くなる」という公式が成り立っているのに、「もしかしたら180度にならない三角形があるかもしれない！」と思わせて、増税した後でも景気が悪くならない方法を考え出そうと試行錯誤すると。

倉山　そして、その答えは強引に作り出したものだから、正解のようで正解でなかった。やはり「増税したら景気が悪くなる」という公式には勝てなかったのです。
　日本は、その答えを出して地獄を見たわけですよ。あのとき、私はいろいろな方面から「お前は現実的じゃない」と言われ続けましたよ。どっちが現実的じゃないんだよ。これって国語？　算数？　なんなの、これ？　数学じゃないよね。

平井　なんなんですかね。論理？

倉山　そうだね。すべての学問の前提ともいえる論理だよね。一言で言うと、論理的に考えられない人を相手にしているんです。それぞれの道でまじめにやっている人は、こんな問題を解かないわけですよ。「増税しても景気悪くならない方法を考えろ」と言われても、その問題自体が間違っていると即答できる。
　ナチス・ドイツ時代よろしく「ユダヤ人を合理的に殺す方法を考えろ」という命令を受けたら、答えを考えるんですか？　フランス革命時代のロベスピエールに「一日何人殺せ」とノルマを課された人々は、ギロチンじゃ間に合わないから、古い船に沈めて、まとめて殺すとか、

大砲で撃ち殺したほうが早いじゃないかと創意工夫してがんばって人間を殺していたんですよ。そんなことをするんですか？

その問題を解くこと自体が地獄。

平井 解いちゃいけない問題というのがあることを知るべき。

倉山 まあ、まじめに考えちゃったら、20世紀最悪の為政者って、これ、けっこう、難問だよ。どこが、人としての合格最低点なのかという問題。

ルーズベルトやトルーマンもいい加減ひどいんだけれども、彼らが大統領のときのアメリカでは理由もなく殺されるということはなかった。李承晩が怪しくて、あとはもう論外。

こういう問題を解くのがリアリストだと思っている人、多いよね。

第5章 もう数字に騙されない

√基地の 70 パーセントが沖縄って本当?

平井 ついに、最終章です。最後は少し実践的に数字にだまされない方法、あるいは、数字を見たときの心構えについて語っていこうと思います。
なにも難しいことはなく、中 1 数学がわかれば OK !
まずは練習問題として、「在日米軍の 70 パーセント以上が沖縄にある。沖縄が犠牲になっている」という論の嘘についてです。

倉山 計算がおかしいという話ですか?

平井 というより、恣意的に計算して、センセーショナルな数字を作り出しているという話です。まず、軍事アナリストの小川和久さんの記事を見てください。

ひとくちに米軍基地と言っても、次の 3 種類があることを知っておく必要があります。

1) 米軍専有施設 (米軍だけが使っているもの) 横田飛行場、相模総合補給廠など

2) 日米共同使用施設 (a) (日米地位協定 2-4-(a) に基づいて日米で共同使用している施設) 三沢飛行場、岩国飛行場など

3) 日米共同使用施設 (b) (日米地位協定 2-4-(b) に基づいて米軍が一時的に利用可能な自衛隊施設) 東千歳駐屯地、小松飛行場など 49 施設

(中略)

1)、2)、3)をあわせた「米軍基地」は全国で132カ所（面積1027.155平方キロ）となります。米軍にとっては、すべてが自分たちの活動を支える「基地」として存在するわけですから、この132カ所を「米軍基地」として表現するのは妥当だと思います。

　そのうち、沖縄の「米軍基地」は33カ所（面積231.763平方キロ）と、全米軍基地の施設数で25％、面積の22.5％です。

　計算方法を変えて、1)と2)を「米軍基地」とすると、全国で84カ所（面積313.987平方キロ）となります。

　沖縄の米軍基地33カ所は、このうちの施設数で39.28％、面積で73.8％を占めています。

　これが「全国の米軍基地の74％が沖縄に集中している」という表現の根拠となってきたのです。

小川和久『NEWSを疑え！』第355号（2014年12月22日号）
「在日米軍基地の7割が沖縄に集中している、はマスコミが利用する誤表現」

平井　簡単に言うと、「米軍基地」には3種類あるのに、そのうち1つを無視して、他の2つだけで計算するから、74パーセントという計算結果になるという話です。ちゃんと3つ合わせて計算すると、施設数で25パーセント、面積なら22.5パーセント。これでは沖縄の負担が大きく見えないと思って、わざと1つ抜いたんでしょうね。それで「ほら沖縄が大変だ」と騒ぐ。

　数字なんて、大抵こんなもんです。「どうせ意図的に計算されてるんでしょ」くらいに思ってニュースや報道を見れば、変に誘導されることもありません。要するに、数字が作られている**「過程に注目せよ」**ということです。

倉山　計算そのものは簡単だけど、小川さんが言っているようなことに気がつくかどうかですよね。世間の人々は「難しい高等数学なんてわからない」と思ってる人が大半だと思うけど、実は難しい数学ではなくて、簡単な算数ですらもっともらしく使われているわけだから。

平井　第3章で「読解」と「精読」の違いについて触れましたが、僕が勝手に作った「読解」の定義の「文字に書かれてない情報を読み取ること」というのを使うなら、数字を作った人の意図を読み取れ、ということです。「74パーセント」を作った人の意図は、沖縄ばかり米軍基地の負担が大きいと思わせたいってことだと思います。一方で、小川さんの記事では「25パーセント」を作り出してますが、これは「沖縄の負担が74パーセントという論は嘘だ。それほど大きくない」という印象を与えたいということでしょう。

倉山　いかなる数字にも意図がある！

平井　そうです。もう少し数字で遊んでみましょう。小川さんの記事を読めば「74パーセントもないんだ。少ないなぁ」という印象になりますよね。しかし、沖縄の面積を計算すると日本全体のたった0.6パーセントしかありません。「たった0.6パーセントの土地に、25パーセントの米軍基地がある！」と聞くと、今度は「沖縄の負担は大きいな」と印象になりませんか？

倉山　確かにそうなるね。

平井 左翼のプロパガンダの74パーセント、小川さんの25パーセントに対抗して、僕も0.6パーセントと数字を1つ作ってみましたが、どれも数字としては正しい。しかし、作る人によって数字は変わり、受ける印象も変わります。

倉山 結局は、自分の頭で考えなきゃいけないわけですね。そして、私に言わせれば、こういう数字遊びも大切ですが、沖縄に関しては軍事戦略や地政学の知識が欠かせません。沖縄というのは重要な戦略拠点なんだけど、そういう前提が完全に欠落しているのが、一番の問題だよ。他の場所とは意味が違う。

平井 そうなんです。だから、数字のみ見てもダメだし、数字を見ないのもダメで、結局いろいろな教養を身に付けないといけません。ちなみに、最近の数字だと74パーセントではなく、70.6パーセントになるそうです。

　平成28年12月に北部訓練場の過半が変換され、基地負担率は23％が19.2％に、専用基地負担率は74.4％が70.6％に減った。

知念章『基地反対運動は嫌いでも沖縄のことは嫌いにならないでください』
(ワニブックスPLUS、2017年)

倉山 秋元千明さんというジャーナリストがいます。元NHK記者で現在イギリス王立防衛安全保障研究所（RUSI）の所長なんですが、この人が『戦略の地政学　ランドパワー vs シーパワー』（ウェッジ、2017年）で沖縄の重要性について述べています。例えば、この地図は面白いですよ。ロンドンおよび那覇から半径1万キロの円を描

くと世界の地政学上の要衝が全部入るそうです。

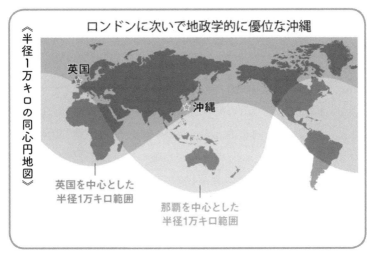

（『Wedge』2017年8月号より引用）

　世界のどこかの都市を中心に半径一万キロの円を描いてみよう。これをそのまま軍隊の行動半径としてみてもよい。地球は球体なので、平面化した地図上に同心円を描いた場合、このように波形に表される陰の部分が、同心円の半径に含まれる。

　世界各地の都市を中心にして半径一万キロの同心円を描いてみると、一カ所だけ、世界中のほとんどの地域をすっぽりと覆ってしまう国がある。それは英国のロンドンであり、ユーラシア大陸、アフリカ大陸、北米大陸の全域と南米の北半分がその範囲に収まる。かつての大航海時代、英国が世界最強の海軍を持ち、七つの海を支配できたのは、英国が世界各地へアクセスしやすい場所に位置していたことと無関係ではない。

そして、ロンドンの次に一万キロ同心円で世界の主要な地域を覆うことができる場所は、実は日本の沖縄である。那覇を中心とする半径一万キロの範囲には、ユーラシア大陸のほぼ全域、オセアニア、アフリカの東半分、北米の西半分が含まれ、これほど世界各地へのアクセスが容易な地域は、太平洋にはほかにない。

(秋元千明『戦略の地政学―ランドパワー vs シーパワー』ウェッジ、215〜216頁)

倉山 ロンドンと那覇というのは地政学上、ものすごく重要な都市なのです。そりゃ沖縄はアリューシャン列島、日本列島、台湾、フィリピン、インドネシア、オーストラリアの線のど真ん中だもんね。

平井 確か、沖縄から半径1000キロの円を描くと、周辺の主要な都市が全部スッポリはいるという話も聞いたことがあります。

　沖縄から……半径一〇〇〇キロの同心円には日本の九州や韓国南部、中国の東部がその範囲に入り、二〇〇〇キロの同心円では朝鮮半島、日本列島の本州、中国の東海岸がすっぽりと収まり、四〇〇〇キロの同心円では東南アジアのほぼ全域、中国のほぼ全域、モンゴルからロシアのシベリア東部、カムチャツカ半島が、さらに五〇〇〇キロの同心円では東南アジア全域、オーストラリアの北部、インドの東半分、中国の全域とロシアのシベリアのほぼ全域がすっぽりと収まることがわかる。この同心円は、軍隊が展開する際、移動に必要な距離をそのまま表している。

　そして最も重要な点は、三〇〇〇キロから四〇〇〇キロの行動半径の円を地図上に描いた場合、東アジア全域をすっぽり収めること

ができる場所は、太平洋のどこを探してみても沖縄よりほかにないという事実である。

(秋元千明、前掲書、214〜215頁)

倉山 つまり、沖縄に米軍がいる限り、大陸勢力は太平洋に出られないということです。まさにアメリカの国防の中心です。

平井 そりゃあ沖縄の基地は絶対必要ですよね。

倉山 という単純な話なのです。それにしても、そのロンドンと那覇の円を重ねると世界の主要地域がすべてカバーできるという点も重要。だから日英同盟が大事だった。

平井 はい。地政学抜きには日英同盟の意義も、本来は語れませんよね。

国の借金1000兆円の嘘

◎国の概念　〜政府は国家の部分集合〜

平井 中1数学で片づいてしまう問題、続いては国の借金1000兆円の嘘です。

倉山 バランスシート（賃貸対照表）を見ろ。終了。

《貸借対照表(財務省HPより)》

貸借対照表

(単位:百万円)

	前会計年度 (平成28年 3月31日)	本会計年度 (平成29年 3月31日)		前会計年度 (平成28年 3月31日)	本会計年度 (平成29年 3月31日)
<資産の部>			<負債の部>		
現金・預金	52,267,723	55,239,666	未払金	10,146,649	10,343,737
有価証券	124,763,559	119,868,932	支払備金	299,438	289,069
たな卸資産	4,446,127	4,285,405	未払費用	1,336,789	1,250,770
未収金	5,811,622	5,611,738	保管金等	766,352	906,814
未収収益	742,119	687,191	前受金	56,046	53,264
未収(再)保険料	4,702,633	4,736,879	前受収益	1,816	4,062
前払費用	3,056,691	1,914,748	未経過(再)保険料	134,866	130,116
貸付金	116,203,995	115,550,240	賞与引当金	308,403	316,794
運用寄託金	106,565,114	109,111,900	政府短期証券	86,382,309	84,660,527
その他の債権等	3,097,927	3,221,957	公債	917,473,470	943,279,091
貸倒引当金	△ 1,920,054	△ 1,764,461	借入金	29,882,130	30,764,461
有形固定資産	180,465,316	181,560,281	預託金	5,565,434	6,546,038
国有財産(公共用財産を除く)	29,311,962	29,855,770	責任準備金	9,740,999	9,698,894
土地	17,100,367	17,430,133	公的年金預り金	115,868,808	118,776,820
立木竹	2,887,795	2,943,594	退職給付引当金	7,684,557	7,215,820
建物	3,368,144	3,383,429	その他の債務等	7,515,598	7,387,103
工作物	2,839,964	2,733,065			
機械器具	0	0			
船舶	1,373,484	1,431,465			
航空機	599,099	715,630			
建設仮勘定	1,143,105	1,218,452			
公共用財産	149,102,248	149,714,932			
公共用財産用地	39,453,220	39,658,807			
公共用財産施設	109,281,657	109,624,055			
建設仮勘定	367,371	432,070			
物品	2,023,771	1,963,522			
その他の固定資産	27,334	26,055	負債合計	1,193,163,673	1,221,623,389
無形固定資産	249,497	264,985	<資産・負債差額の部>		
出資金	71,907,631	72,452,450	資産・負債差額	△ 520,803,766	△ 548,881,473
資産合計	672,359,907	672,741,915	負債及び資産・負債差額合計	672,359,907	672,741,915

(注1) 資産の部の現金・預金(本会計年度55.2兆円)は、年度末時点の実際の保有残高に出納整理期間における現金・預金の出納を加減した金額である(年度末時点の政府預金残高は21.8兆円、外貨預金残高は13.4兆円である)。
(注2) 国が保有する資産には、国において直接公共の用に供する目的で保有している公共用財産のように、売却して現金化することを基本的に予定していない資産が相当程度含まれている。このため、資産・負債差額が必ずしも将来の国民負担となる額を示すものではない点に留意する必要がある。
(注3) 負債の部の公債(本会計年度943.3兆円)については、基本的に将来の国民負担となる普通国債残高(839.2兆円)のほか、財政投融資特別会計等の公債残高を含み、国の内部で保有するものを相殺消去している(59ページの「②公債の明細」参照)。

平井　はい。**コアメッセージ③「全体像をつかめ！」**です。日本政府の貸借対照表は財務省のホームページで見ることができます。確かに約1000兆円の負債がありますが、約700兆円の資産があります。豪邸に住んでいる人が借金があると言っても誰も憐れみませんよね。それと同じで、ぎゃあぎゃあ騒ぐほどのことではない。

それに、財務省やマスコミの嘘は「借金1000兆円」という数字ばかりではなく「国」という言葉にもあります。「国」とは何か。

倉山　正しくは「政府」ですね。

平井　そうです。次の図を見てください。

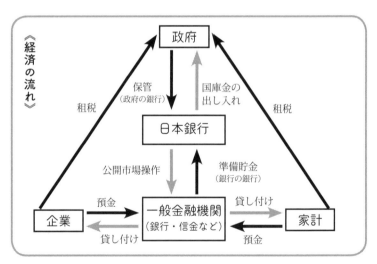

平井　政府や家計や金融機関や一般企業など、これらすべてを含んだものが国です。

倉山　まさに可視化して、全体像をつかんで、終了ですね。

平井　言葉と数字にだまされないために！

倉山　そして、上の図では可視化がまだ足りない。

平井　はい。ここに「国」という言葉が入っていないから区別がつかなくて騙されちゃう。この全体が国です。

倉山　「日本国」って描き入れよう。

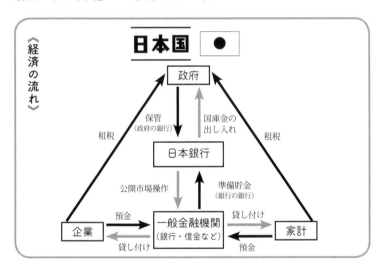

平井　部分と全体を見失わないために。

倉山　そう。政府＝国だと思ってしまうのは、お上信仰ですね。

平井　政府は国家の部分集合です。「政府」と「国」の違いって、どういうわけか教わらないですからね。日本人って「国＝政府」と、なんとなく思ってますが、全く違いま

す。それに、そう思わせるような報道がなされているし、そこがまずいんですよね。

倉山 そう。

平井 あと、やっぱり、借金は悪いことだという意識が人びとの間にありますよね。ローン地獄とか、サラ金に取り立てられるとか、家のローンが30年残っててやつれたお父さんがアニメに登場するとか。吉本新喜劇の悪役は必ず借金取りだったり（笑）。車や家はローンで買うなんて誰でも知ってることなんですが、生活を豊かにする借金について語られることはあまりありません。
生徒に、会社っていうのは借金をするもんなんだって話すと、ビックリされたりします。大きな経済活動は借金で成り立っているのです。国の経済も同じ。

倉山 発想が江戸時代のナントカの改革と同じなんだよ。質素倹約もいいけれど、使うときには使わなきゃ。まして、国が倹約ばかりしていてはいけない。

平井 国が倹約するということは、世の中に出回るお金が減るということですからね。

倉山 ところで、近代経済学と前近代経済学の違いを知ってる？

平井 パイの話ですよね。アップルパイとかのパイのことです。

倉山 前近代の経済学というのを簡単に言うと、一定の大きさ

のパイがあって、それをどうやってぶんどるかというだけです。簡単にいうと配分のバランスを考えているだけです。

それが、アダム・スミスの登場で世界がガラリと変わります。アダム・スミスの『国富論』から近代経済学が始まるのですが、最も違うのはパイそのものを増やせるという発想です。

前近代の経済学では、誰かがパイを多く取れば、誰かが損をします。しかし、近代経済学ではパイを2枚、3枚とどこかから持ってきて、それを皆で分ければ、みんな儲かるわけです。

平井 つまり、国全体の経済が成長すれば、全員の取り分が増えるということですね。経済成長こそ豊かさの源泉だと。

倉山 しかし、今の財務省や日銀は前近代経済学でものを考えている。つまり、彼らは天保の改革あたりで止まっているわけ（笑）。別に根拠のない悪口を言っている訳ではないので、証拠を出しましょう。

◎驚きの矢野マガジン

倉山 ここで矢野康治・財務省大臣官房長の興味深い発言を紹介します。2005（平成17）年当時、矢野さんは主税局広報担当主税企画官でした。『決断！　待ったなしの日本財政危機―平成の子どもたちの未来のために』（東信

堂、2005年)という本も出しています。

その矢野康治が財務省のホームページの「税制メールマガジン」にいろいろと書いていました。これは今でも見られます。ちょっと見てみましょうか。

……物価の上昇は、財政にどのような影響を及ぼすのでしょうか。

デフレを脱却し、物価上昇が堅調で確からしいものとなれば、金利もそれに連れて上がってくる可能性があります。

もし金利が1%上がれば、500兆円を超える国債残高の利払費は5兆円ほどかさみ、現状の1.6倍にもなります。

（中略）

金利上昇に伴う歳出増がいかにすさまじいかです。

これに対し、「物価上昇で実質債務が目減りするし、税収が増えるからいいじゃないか」と楽観視する向きもあります。しかしそもそも税収等の基礎的財政収入よりも基礎的財政支出の方が圧倒的に大きい（1.33倍、差額15.9兆円）ため、物価上昇による歳入増よりも歳出増圧力の方が大きく、更にこれに上述の国債比の肥大化が加わるため、財政収支は悪化する危険性が大きいのです。したがって、財政運営上は「脱デフレ」を単純には歓迎できません。

（税制メールマガジン　第20号　平成17年9月30日）

倉山　驚くべきことに「脱デフレ」を歓迎できませんと言い切っている。「税収増なんて騙されるな」「歳出が増えたら意味ない」と積極財政大反対。

こんなのもある。

……国の財務体質を……「負債」と「資産」というストック（残

高)から見てみましょう。

(中略)

　このバランス・シートを見て、「国は公債残高(508兆円)よりも大きな額の資産(695兆円)を持っているじゃないか」という指摘をする人もいますが、これは見方が誤っています。国は、695兆円の資産よりももっと大きな941兆円にも及ぶ負債を抱えており、仮に資産を全部売り払うことができたとしても、手もとには▲245兆円もの負債が残るのです。

(中略)

　……何らかの有形固定資産などの「実物資産」を売っても、有価証券などの「金融資産」を売っても、それらの資産が「現金」という資産に振り替わるだけで、資産の総額は基本的に変わらず、国の財務体質は改善しません。

(税制メールマガジン　第21号　平成17年10月31日)

倉山　それから、「かのローマ帝国は、外敵によってではなく、自らの財政破綻によって滅亡したと言われます。(税制メールマガジン第23号)」ですって。えっ？　ゲルマン民族の大移動は？
　　　まだまだ続く。

　……昭和40年までは無借金国家でした。すなわち、戦後約20年間、その年の税収等で歳出を賄ういわゆる「均衡財政主義」を貫いていたのです。(中略)以来今日に至るまで、事実上わずか30年ほどで世界一とも言える借金大国になったのです。

(中略)

その要因は、端的に言えば「景気対策」によるものと「社会保障関係費」の増によるものです。

（中略）

……バブル崩壊後の「景気対策」と世界一の高齢化による「社会保障関係費」の増がもたらした債務の返済（減債）は、他ならぬ私たち日本人自らの手で片付けねばなりません……

（税制メールマガジン　第26号　平成18年3月31日）

倉山　日本の経済がよくなったことへの憎悪だよね。

平井　なんでしょうね、それ？　もう言葉がありません。

倉山　筋金入りですよ。矢野さんがこれを書いた当時は、第三次小泉内閣の時代です。その頃から景気回復に反対しているからね。「増税したら税収が増える」というのですが、ちょっとこれ、平井先生、添削してください。

平井　こんなこと本当に言っているんだ。あきれますねえ。
「増税＝増収」は、一見正しいと思ってしまいますが、税収は経済活動が活発になれば増えるものです。経済活動の観点抜きで語っているので、間違っています。単純に増収につながりません。デフレ下で増税すると、企業の収入が減り、国民の賃金が下がります。すると経済活動は低迷してしまい、税金を納める金額が減るので、政府にとって減収になります。
　だから、デフレ下では「増税＝減収」です。日本のGDPを増やし景気をよくするには、減税のほうが正しい手

段です。

倉山 これ何年生の数学？

平井 う〜ん。計算自体はこれも四則演算ですから、低く見積もると小学校ですね。

倉山 これも小学算数ですか。

平井 算数よりも、国家経済の全体像がつかめていないことが原因であるように思えますが。

倉山 でも、増税したら税収が増えるという発想がそもそもおかしい。

平井 増税したら、経済活動そのものが停滞して、その計算どおりにはならないですよね。

倉山 しかも、自殺者が増えたりする。経済成長できないという意味不明な経済理論を前提に増税を主張しているんだよね。これって数学的にどう見たらいいのかな。

平井 これは方程式の本数が間違っているという話ですね。
　まず、日本は経済成長できないという仮定をしている時点で、無駄な数式が１本足されていることになります。また、自殺が増えるとか、経済活動が活発になることを無視しているというのは、方程式の本数が足りないということになります。１本の方程式だけ見ていると正しいように思えるけど、実は他にも方程式が存在するのを無視している。方程式が増えれば増えるほど、解を求める

ことが難しくなるので、敢えて見ないようにしている、とも考えられます。

倉山 消費税増税で負担率が10パーセントになったら、苦しいよね。

平井 苦しいです。デフレ下で増税すると景気が悪くなるなんて、高校生でも知ってます。証拠に、高校の政治経済の教科書には、こんな図が載っています。

《財政による景気の調整機能》

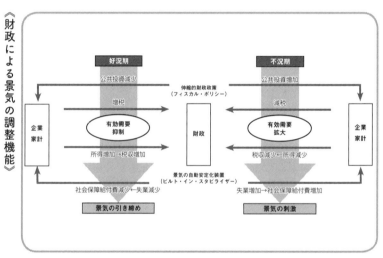

倉山 ちなみに東條英機内閣はまだ正直で、「政府が国債を発行しました。国民のみなさまは政府から国債を買ってお国に協力しましょう。皆さんは債権者になります」と宣伝してました。

平井 おおっ、ちゃんと本当のことを言っている！

倉山　今の財務省は東條内閣の戦時プロパガンダよりもひどい嘘をついているということですね。

平井　うーん、これ以上考えるのが、イヤになります。

倉山　財務省の増税派にも大きく2派あって、穏健な増税派は「増税して日本が滅ぶんだったらまずいのでは？」なの。でも、増税原理主義者たちは「銀河系が滅んでも増税しろ」みたいなレベルで増税を推してくる。でも、矢野くんは、その増税原理主義者を遥かに超えて「全宇宙が滅んでも増税しろ」の域だよね。

平井　すごいな。なんと形容してよいのやら。第4章で扱いましたが、人をたくさん殺すのって、毛沢東しかり、スターリンしかり、政治なんですよね。
日本はデフレになった瞬間に自殺者が3万人を超えましたが、今の状況でさらに増税したら、どれだけ自殺者が増えるか、とても心配です。極端な話、「人を殺しても増税しろ」とも捉えられませんか？

倉山　いや、間違ってないよ。「銀河系が滅んでも増税」だから。

平井　フリーザは宇宙空間で生きられるけど、悟空やクリリンは生きられない。だからあれだけ苦しい戦いを強いられたんですが、財務省は宇宙でも生きられる（笑）。

倉山　安倍総理や菅官房長官が政治介入して矢野康治を官房長ポストに据えたと言う向きもあるようです。特に「安倍マンセー」の人たちが「菅さんの肝いりだ〜」などと主

張しているので、「こんな発言しているヤツを菅さんが据えたの？」と言ってやりました。すると、みんな黙っちゃった。

これは、与えられた情報だけで判断しちゃいけないという典型的な事例ですね。そいつがいったい何者なのか、過去のどんな発言をしていたか、自分でしっかり調べないと、社会では生きていけない。

平井　**コアメッセージ①「過程に注目せよ」**ですね。

倉山　そして、入試問題を解くということは、受験脳の限界を知ることなんだよね。

平井　さすが倉山先生！　その表現、すごく、いいですね！

倉山　何を言っているんですか。「平井の東大合格塾」は、それで「敬天塾」という名前なのでは？

平井　そ、その通りです（笑）。私の塾は、受験なんて軽く乗り越え、いかに社会に貢献し、良い日本を実現するかを考えろ、というメッセージを常に発信しています。だから、受験テクニックの指導をしているかと思いきや、自然と世の中の仕組みがわかっていきます（笑）。

倉山　くにまもりの拠点として、期待しています。

√TPP問題は「正負の数」でわかる！

平井 TPP（環太平洋パートナーシップ協定）問題についても、いろいろ議論されましたよね。正直言って、下火になったような気がしますが。

倉山 当時、某シンクタンクで、早稲田の政経（政治経済学部）の経済学科の大学院生を面接する機会がありました。「TPPについてどう思う？」と聞いたら、「輸出のメリットと輸入のデメリットですよね」の一言で終わってしまいました。志望者は「それが何か？」って顔をしていましたよ。

平井 倉山先生、そんな本質的なことをいきなり話されたら、この節が10行でおわってしまうじゃないですか‼

倉山 あ、ごめん。でもTPPなんて、これ以上の議論、ないんだよね。とは言っても面接というのは知識だけじゃなくて人物審査でもあるわけだから、こちらとしてはTPPが保守業界で一番の争点になっている話などで会話をつなげようと思っていたんだけど、二の句が継げなかったのですよ。

平井 ほら終わっちゃった。輸出しやすくなる業界には得で、輸入によって競合が増える業界には不利。それだけですよね。

倉山　自由貿易にしたら輸出に強い製造業に有利で、いままで保護されてきた農協などは反対する。「TPPで国論分裂！」って、当たり前ですよ。メリットを受ける業界とデメリットを被る業界があるんだから。

平井　損得勘定ですから中1の単元「正の数と負の数」がわかれば理解できる。

倉山　TPP自体の議論はこれでおしまい。ところが、TPP反対が国論になったことに意図を疑わなきゃいけないのだよ。

平井　僕の専門の数学よりも、倉山先生の領域の話ですね。

倉山　簡単にバッサリ言うと、政治問題と行政問題の区別がついていないから、みんな騙されたんです。政治問題というのは「拉致被害者を取り返そう」とか、「北朝鮮のミサイル危機とどう取り組むか」というような日本国に忠誠を誓う日本国民全員の利害が一致する問題。それに対して、行政問題というのは日本国に忠誠を誓う日本国民同士の利害が相反する問題。

平井　なるほど。一致するか、しないか。ちなみに日本国民でも、日本国に忠誠を誓っていない人は除外ですね。

倉山　はい、そこテストに出ます（笑）。TPPは典型的な行政問題なんですよ。

平井　得する人と、損する人が必ず存在するということですね。

倉山 本来、行政問題なのに政治問題であるかのように「国体の危機だ〜」と煽ってしまう人がいたから、無駄な議論が横行したのです。

平井 輸出に強い業者と輸入で打撃を受ける業者の利益が一緒だったらおかしいですからね。国論は分裂するに決まっているのに。

倉山 だから、TPPを政治問題にして踊っていたやつは自己批判しなさいって。経済評論家の上念司さんと2人で「TPP反対派は土下座しろ！」と言って回って、ほぼライフワークになってます。しかも、彼らは「TPPはアメリカの再占領政策だ〜」と言っていたんですが、当のアメリカがTPPから抜けちゃいました（苦笑）。倉山塾にオーディオブック『君にも潰せるTPP』があるんですが、その通りにアメリカが出ていきました（笑）。

平井 アメリカって、この指止まれって集めておきながら自分は真っ先に抜けちゃう法則がありますよね。ウィルソン大統領が提唱した国際連盟にも、真っ先に加盟しないって言い出したり、京都議定書でも集めておきながら自分は何もしない（笑）。

倉山 そう。だから、歴史を知っていれば、驚くことは何もない。輸入で損する業界の利益代表が「TPPに賛成する者は国際グローバル金融資本の一味だ」と決めつけて、自由貿易で得をする側の人々を日本国に忠誠を誓う日本国民じゃないことにしてしまったわけですよ。ほぼ国語の

問題かな。

平井 得する人アリ、損する人アリで、国全体としての貿易は勝ちとも負けとも言えない。

倉山 そう。そのギャップが極端にならないように調整する必要はあると思いますけどね。

平井 数学的に言うと、ゼロサムゲームだと気付けなかったというところでしょうか。「誰かが得したら誰かが損をする」という当たり前の原則があるのに、あえて見せないようにしたという、悪意が見え隠れします。というか、TPPって、最近誰か話題にしましたっけ？

倉山 私たちが、話題にしてあげましょう（笑）。

√算数ができれば「中選挙区制に戻せ」とは言わない

平井 結局、プラスの面ばかり見たり、マイナスの面ばかり見たりしていては、実態が見えてこないんですよね。プラスの面とマイナスの面の両方を見て、初めてキチンとした議論ができるのです。ということで、悪しき中選挙区制についてです。

倉山 「小選挙区制を導入して政治が劣化したから、やっぱり

中選挙区制に戻そう」と主張する人がいます。

平井 いるんですよね。小選挙区制のマイナス面だけを見て、「それよりはマシに違いない」「マシだったような気がする」と中選挙区制を推しているだけの人。ノスタルジックなまぼろしを見ていないで、冷静にメリット、デメリットを比較する必要があります。

倉山 中選挙区制は、票割りがうまい党が勝ちますからね。例えば、定数5名の選挙区があります。多数派を取るためには2人以上の候補を立てなければなりません。しかし、2〜3人候補者を立てても共倒れにならないように有権者に指示を出します。「お前はAに、お前はBに入れろよ」と。これ民主主義と何の関係もない（笑）。

最近だと、当然ながら創価学会がうまいですね。地方選挙での勝率は抜群。少し前は小沢一郎が巧みだった。古くは大正〜昭和初期の政党政治家、安達謙蔵が票割りの妙手であったために「選挙の神様」と言われていました。大正末期に護憲三派の連立政権を組んだ立憲政友会と憲政会と革新倶楽部が、小選挙区制では1人しか当選しないので、次の選挙から中選挙区制にしようと妥協したのが始まりで、それが平成まで続いてしまったという代物。それ以外には何の意味も、何の合理性もない人類最悪の制度です。なかでも、定数2名は最悪です。

平井 実はこれ、高校数学の問題でたまに登場します。

問 ある地区から4人の議員を選出する。有権者は10万人で、投票率が50パーセントだったとき、当選確実になる得票数はいくらか？

平井 みたいな問題ですね。有効票は10万×50パーセント＝5万票。当選確実ラインとは、どんなに危なくても当選するラインですので、一番危ない状況を考えます。4位の人が5位の人に負けそうな状況というのは、1位から5位まで横並び、つまり5万票を5人で分け合う状況ですので、1人1万票。これより1票でも多ければ当選確実なので、答は10001票です。こういうの見ると、「あ、中選挙区制だ！」って思って、1人でニヤニヤしちゃいます（笑）。

倉山 永田町算数！（笑）

平井 少し数学的に解説すると、2人区で3人が立候補した場合を考えると、100÷3＋1＝34パーセントの支持率があれば当選確実になります。厳密には、33.33…パーセント超えたらですが。

そして、AとBの2つの主張が争点になっていて、Aを主張する候補者が1人、Bを主張する候補者が2人いたとします。主張Aの支持者が34パーセントいると、1人当選させることができ、主張Bの支持者が66パーセントいても、こちらは1人しか当選させることができません。つまり、34パーセントと66パーセントが等価

となり、全然民意が議席に反映されません。実際は、2人区への候補者は4〜5人立つと思われますから、A派が1人だけで、あと全員がB派であった場合には、A派の候補者は、もっと少ない得票数でも当選可能になるでしょう。

倉山 これが本当にいいと言う人がいるというのは驚きですよね。A側が1人当選させる、つまり、少数派と多数派が等価になるというのは民主主義の否定だし、B側が2人当選させてくるとしたら、逆にポピュリズムだよね。毎度毎度そんなことできるとしたら、なにか異常な選挙区事情があるということなんですよ。

平井 もっと極端な場合だって考えられます。
2人区で3人立候補の場合、1人目が99パーセントの支持で、2人目が1パーセントの支持で、3人目が0パーセントの支持となったら、99パーセントの人と1パーセントの人が当選します。1パーセントと99パーセントの支持が等価になって同じ1議席ですから、1パーセントの支持の人が50パーセントの支持と同じ発言権を持つということです。

倉山 そんな制度が素晴らしいのか、考え直したほうがいい。4人区なら21パーセントの支持率で当選です。79パーセントが「お前、やめろ！」と思っていても当選してくる。

平井 100÷5＋1で21パーセントですね。

倉山 これは何年生の数学ですか？

平井 割り算……、小学校三年生かな。

倉山 でも、小選挙区になったから田中真紀子さんだって落選したわけです。大臣クラスの政治家でも落選の危機があるということ。小選挙区制は落としたい人を落とせる制度なんですよ。
政治が劣化した原因として小選挙区制と政党助成金がよく悪玉に挙げられますが、あれは本来、政党近代化をさせるための制度だったのです。ところが、肝心の政党近代化をまったく進めていないから、結果としてどんどん政治が劣化している。

平井 目的を見失っちゃったということですか。

倉山 そう。取りっぱぐれになっている。政党助成金をめぐっては、毎年、年末になると前近代的な光景が繰り広げられていますよね。

平井 助成金が余った場合は国に返納されることになっていますが、実際に返納されることは稀で、翌年以降に繰り越して蓄財されているという現実がありますよね。そんな現実を見て、「小選挙区制が悪いから中選挙区制へ戻せ」と。でも、そういう人は、中選挙区制のことを何も知らないで言っている。

倉山 そう。ところで、中選挙区制というのは日本独特の呼称で、大選挙区単記制の別名なんです。なお、1人しか選

べないのが「単記制」。それに対して、複数の候補者を投票用紙に記入することができるのが「連記制」です。定数5人で5人とも書ける連記制もあるし、全員分は書けないのもある。学会ではそういうのが大流行(おおはやり)です。ボスの票割りがうまい派閥が連記制をやりたがります。

連記制というのは、簡単に言ってしまうと、少しだけ幅がある小選挙区制です。小選挙区制では1人しか選べないわけでしょ。その党を支持していても、そいつに入れたくないなというときに、同じ政党の別の名前を書けるのが連記制。小選挙区制が問題だから、大選挙区連記制に戻せと言うなら、理屈が通るよ。でも単記制は最悪だからね。

平井 連記制って、日本で実施されたことがあるんですか？

倉山 1回だけ実施したことがある。戦後直後の選挙が連記制だったの。

平井 へえ〜。

倉山 鳩山一郎と共産党を書いたやつがいて（笑）。そういう幅広過ぎる選択も可能というデメリットもある。もちろん、完璧な選挙制度なんてないんだけど、小選挙区制の弊害を叫ぶなら、中選挙区の弊害も指摘しないと公正じゃないよね。中選挙区制というのは何1つメリットがなくて、ありとあらゆる選挙制度の欠点だけを集めた制度ですよ。少数派を有利にしたいんだったら比例代表に

したほうがいい。

平井 比例代表なら、政党の名前を書くわけだから、近代政党を作りやすいですしね。

倉山 中選挙区制にメリットを見るのはボス政治家です。彼らが落選しない制度だから。さっきの平井先生の式100÷人数＋1の法則の票ね。それだけ集めればいい。

平井 ちゃんと数式にすると、（当確ライン）＝100÷（定数＋1）＋1％ですね。2人区なら100÷3＋1％、4人区なら100÷5＋1％になります。

倉山 ボス政治家は、確実にそのぐらいは集票できる。だから、かつては自民党派閥ボス政治ができたわけですよ。

平井 なるほどなあ。

倉山 その中選挙区制に戻せと言っている人って頭おかしくないですか？ それに、今の日本の風土では中選挙区制にしたら野党も強くなるから、憲法改正は絶対できなくなります。

平井 そうですね。小選挙区制だから、かろうじて改憲派が3分の2を占めているのに。

倉山 歴史的なことを言うと、保守合同、小選挙区制、自主憲法、自主防衛が四点セットです。保守合同で自民党をつくりました。小選挙区制を導入しました。目的は自主防衛です。アメリカを追い返して、自分の国を自分で守る

と。自主憲法はね、「あまりにも恥ずかしいから変えよう」ということでセットなんだけど、そのための手段が、（保守合同で）強い政党を作って、（小選挙区制で）多数を取るということだった。

平井 ということは、「中選挙区制に戻せ」論者は護憲派？

倉山 そういうことになるね。

平井 じゃあ、「中選挙区に戻せ」論者に出会ったら、「護憲派ですね」と言ってあげます（笑）。

倉山 算数で考えても、歴史的背景を鑑みても中選挙区制に戻そうという話にはならないはずなんだけどね。

平井 この本を買って読んでほしいですね！

倉山 ○○○○さんが「小選挙区制じゃ、私が出られない。中選挙区制のほうがいい」とわがままを言っていましたが、「じゃあ比例代表で出れば？」ですよ。アナタが出られないからといって選挙制度を変えないでください。そんなのメチャクチャな言い分ですよ。
結局、政党が秩序立った候補システムを持つということが大事です。出したい人を出す。中選挙区制では制度上、まずもって落としたい人を落とせないですからね。田中角栄はロッキード事件の後も新潟三区からしっかり当選していましたが、小選挙区制だったらわからなかったですよ。

平井　ロッキード事件後に当選（笑）。それはインパクトある。

倉山　小選挙区制になって、娘の田中真紀子は落ちています。それに、福田康夫も、自民党逆流選挙のとき、ドブ板選挙[1]をやってましたからね。ちなみに福田家ってどんな家か知ってる？

1　選挙運動中、有権者の家を戸別訪問すること。古い家や田舎の家の周囲には溝（ドブ）があって、その上に板を渡してあった。その板を渡って家に入ることからこの名がある。

平井　どんな家なんですか？

倉山　そもそも陳情できる人は偉い人なの。普通の人は陳情もさせてもらえないという一家。

平井　殿様ですね。

倉山　そんな人でも落ちる可能性がある。三宅雪子みたいなよくわからないお姉さんが肉薄できるわけですよ（第45回衆議院議員総選挙　群馬4区では自民党の福田康夫51.9パーセント、民主党の三宅雪子が45.9パーセントという僅差）。

自治労の算数〜筋を通せないヤツは算数ができない〜

倉山　算数ができない連中といえば、自治労の話をしないわけ

にはいきません。

自治労（全日本自治団体労働組合）という組織があります。地方自治体職員の労働組合ですが、日教組（日本教職員組合）と並んで、日本の政治問題に悪影響を与えてきた左翼系団体です。ただ、日教組のほうは有名ですが、自治労について語られることは少ない……と思っていたら森口朗さんが『自治労の正体』（扶桑社、2017年）という本を書いてくれました。知られざる自治労の実態については、この本を参照していただくとして、ここで知っておいてほしいのは、この自治労が強力な集票機関であるという点です。

平井 たくさん組織票を持ってるってことですね。

倉山 残念ながら、保守の政治家のなかにも、自治労の票がほしいと媚びを売る人が多い。でも、両方の票は取れませんからね。ある保守系の民主党議員が自治労の2万票の票がほしくて、普通の人の7万票に逃げられた事例があります。両方を取りにいって、大事な支持者を失ったのです。それに、窮地に陥ったときに自治労が助けになるかといったら、そんなに当てになるものではない。自治労は、ちょっと気に入らないことがあると政治家を見捨てますからね。結局、虻蜂取らずになるのです。それが、わかっているのかいないのか、保守系の政治家ってバカだから、これをやる人が多いんだよね。

平井 足し算ばかり見て、引き算ができない。

倉山 うん。そう。全体が見えてない。

平井 自民党は公明党と連立政権を築いていますが、これは同じ理屈ですか？

倉山 自民党が創価学会をとったので、立正佼成会が民主党に行きました。自民党としては、ほかの提供団体を全部足しても創価学会のほうが集票機関としては上なので、いいやという話ですね。

平井 ということは、一応引き算も計算してたんですね。自民党でも選挙区で創価学会の支持を受けている人と、そうでない人とがいますよね。

倉山 そうですね。比例区で当選した人は創価学会の支援を受けていないから学会に遠慮しなくていいんですよ。しかし、比例区当選者は創価学会に気兼ねしている人、つまり、小選挙区当選者に気兼ねしなきゃいけないから、立場が弱いんです（笑）。

平井 じゃあ、結局、創価学会が最強ですね。自民党が公明党に頭が上がらない理由がよくわかりました。

倉山 そもそも、菅義偉と二階俊博の権力の源は創価学会と話をつけられるというところにあるんですよ。菅・二階でそれですから、ほかの誰が創価学会に大きな口がきけるのか。公明党からしたら「頭が高い！　自民党よ、さがれ〜」って感じですよ。
　　ところで、私に自治労算数の応用ともいえる永田町算数

を使ったいい考えがあります。

平井 何ですか？

倉山 憲法改正を実現する方法です。もう、これしかない！

平井 えっ、どうやるんですか？

倉山 まず、内閣総辞職する。そして、「憲法改正やってね」と、公明党の山口代表を首相にする。「安倍内閣の手で改憲しません。山口内閣でやってください」これしかないよ。

平井 なるほど。「あなたを総理大臣にしてあげますから、憲法改正やってください」と。

倉山 一番反対しそうなヤツを責任者にするというのが永田町算数の奥義です。自民党側にとって憲法改正をメリットだとすると、政権を手放すことはデメリット。逆に公明党側にとっては首相になれるというメリットがあるけど、主張を変えるというデメリットがある。おたがいのメリット、デメリットを擦り合わせるわけ。これが永田町算数。こういうのを、かつては、三木が微分し、大野が積分する[2]と言っていたんだけど、知ってる？

平井 知らなかったですが、うまいこと言いますね。ものすごく簡単に言うと、「微分は分ける。積分は合わせる」ですから、当たらずとも遠からず、です。

---

2 戦後、社会党の伸張に危惧を抱いた三木武吉は保守合同を主張し続けた。その三木の構想を実現したのが大野伴睦であったため、保守合同は三木が微分し、大野が積分したようなものと言われた。

倉山 とにかく、自治労の算数ね。保守層と自治労の両方の票をほしがる政治家はバカです。結局、筋を通せないやつは算数ができない。本人はリアリストを気取っているようで、損得勘定がまったくできていないということですよ。ちなみにアメリカの選挙は、この点、計算が緻密です。なぜ、アメリカ副大統領は大統領の政敵がなることが多いのか、考えてみてください。

平井 あ、確かにそうですね。大統領の支持基盤は手放してはいけないし、それ以外の人たちの票も取らなければいけませんからね。

倉山 大統領と同じ支持基盤を持つ人を副大統領にしたのでは票が増えない。だから、自分だけでは取れない票を、副大統領に取ってきてもらう。自分と同じ系統の人物では、「あいつらに票を入れたくない」と思う有権者が敵側に逃げてしまいますからね。アメリカの選挙や議決の票というのは、恐ろしく複雑な計算式によって成り立っているのです。議会では法案ごとに変わります。

平井 へえ〜。

倉山 政党など、あってなきがごとし。アメリカの議会では、1人の議員が1つの政党なんですよ。官僚機構がなくて秘書がやたらに多い。だから、そういうことになるんです。貸し借り関係で、すさまじく複雑な組み合わせが生じる。上院は100人の議員から構成されていますが、そ

の100人で何通りの組み合わせがあるんでしょう？

平井　たくさんありそうですね。ちょっと計算してみます。ええと、1つの法案について、5000通りくらいあるんじゃないですか？法案が2つになったら、さらに5000倍、3つになったらさらに5000倍。ちなみに、中学受験でも出て来る数式を使いました（100×99÷2 = 4950）。100人のうち、2人選ぶときに使う計算方法です。

倉山　いちおうボス的存在がいて、かたまりがある。でも、法案によっては、ついてくる人とこない人がいるのです。法案Aでは○についたから、貸し借りを埋め合わせるために法案Bでは□についてもらおうという具合に党派は関係なし。「政党」が確固としたもので、「派閥」は流動性があるものと捉えるとしたら、議員1人1人が「政党」で、共和党・民主党というのは「派閥」のようなものです。

平井　ああ、とてもわかりやすい！

倉山　つまり、アメリカでは日本の政治家ほど党に拘束されていないのです。アメリカの政党は日本の自民党よりも前近代的ですからね。アメリカは個々の議員が「政党」で党が「派閥」と言いましたが、アメリカと同じ基準で「政党」と「派閥」を用いるなら、自民党自体は「院内会派」で、自民党の中にある派閥が「政党」。

平井　なるほど〜。その辺を理解しておかないとアメリカの政

治もわかりませんね。

倉山 アメリカでは「派閥」つまり政党というまとまりが日本よりも流動的です。だから、無茶苦茶な争点化をしてきます。「麻薬を全廃しろ」とか。

平井 そうですね（笑）。

倉山 宗教的な規定が絡む場合は、異なる宗教あるいは宗派双方の票は絶対に取れません。同性愛を認めるのか認めないのかなど。

平井 はい。中絶を認めるのか認めないのかもそうですね。

倉山 だから、同性愛ではこう、中絶ではこうと一人一人の議員の方向性を考慮しながら、マトリックスを作らなきゃいけない。

平井 日本よりずっと複雑でしょうね。

倉山 それに比べれば、自治労算数なんて単純。どうして自治労と保守層の両方の票を取れると思うのか不思議でしょうがない。
やっぱりみんなにいい顔するやつは誰からも嫌われます。韓国政治の法則と言い換えてもいい。

平井 人気取りしかしない人は、最後は誰からも嫌われてつまはじきにされる。筋を通すと一方からは嫌われるかもしれないけれど、その分、ファンが増えたり、支持者が増えたりするという側面もあるわけですからね。そういう

プラスマイナスがわからないのかなあ。

倉山　そう。筋を通せないやつは算数ができない。だから損得勘定もできない！

平井　ところで、そろそろ紙面の残りが少なくなってきました。

倉山　それは残念。

平井　倉山先生、今回は本当にありがとうございました。勉強になりました。

倉山　こちらこそ。最近の教育・受験事情など、興味深い話が盛りだくさんでした。

平井　最後にコアメッセージで締めたいと思います。

①過程に注目せよ！
②可視化せよ！
③全体像をつかめ！

倉山　平井先生のメッセージ、本書で十分に伝わったと思います。

おわりに

　問題です。

　前から見ると正方形で、横から見ると正三角形で、上から見ると円に見える立体図形があります。さて、どんな図形でしょう。「そんな図形が存在するのか？」とお思いになるかもしれませんが、存在します。なぞなぞでもなければ、一休さんが得意なトンチの問題でもありません。純粋に数学の問題です。

　実際にそのような図形が存在します。その証拠に、次ページの答えをどうぞご覧ください。物体は見る方向によって、こうも見え方が変わるのだという例です。

　さて、通読された皆さまならばお気づきかと思いますが、本書はこのような視点の切り替えをテーマに書かれた本です。

　今までは三角形に見えていた日本史の諸問題でも、理数アタマという新たな視点から見てみると四角形に見えてきたり、円に見えてきたりして、次第に「全体像」が見えてくるのです。

　また、日本の政治に対する声に耳を傾けてみましょう。きっと、左右から180度異なる意見が聞こえくると思います。

　左からは「憲法を守れ」、右からは「憲法を変えろ」。左からは「慰安婦問題で韓国に謝罪しろ」、右からは「謝罪する必要はない」。その他にも、対米関係、自衛隊、歴史認識など、どの問題でも左右の意見は「平行線」。決して交わることがありません。扱っているのは同じ問題なのに、立場が変わると意見が変わる。まさに、先ほどの図形の問題と同じ状況です。

おわりに

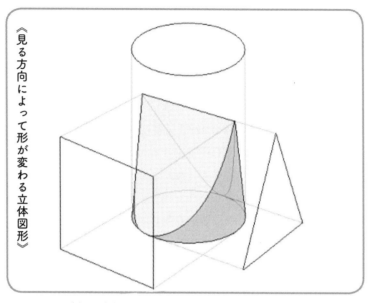

《見る方向によって形が変わる立体図形》

　しかし、従軍慰安婦も南京大虐殺も、事実無根です。見方を変える以前に、虚像をあたかも現実であるかのように見せられているだけです。それなのに、本来は真実を報道すべきテレビや新聞でも、その虚像ばかりが取り上げられ、世の中の多数派は何となく信じてしまっています。嘆かわしい現実ではありますが、嘆くばかりでは進歩がありません。真実を世の中の多数派にするためには、どうすればよいのか。常に前を向く姿勢を忘れずにいたいと思います。

　そこで、私は視点を変えてみました。このように一方向からしか報道されない時には、チャンスだと捉えるようにしたのです。私はよく生徒たちに「原発に対して反対だという報道ばかりだけど、原発の良いところを取り上げた報道を見たことあ

る？」と質問しますが、この一言だけで、彼らはハッと新たな視点に気付きます。

　1つ気付けば、たくさん気付くまで、もうすぐです。なぜ自民党は常に批判されるのか、なぜ教科書を読んでも日本は悪い国だという印象しか持たないのか、枚挙に暇(いとま)はありません。さらに、どのような「過程」で、一方向の情報しか流れてこないのかと考えてみれば、徐々に「全体像」も見えてくることでしょう。

　ちなみに、先ほどの図形問題のように「視点を変えると見え方が変わる」という話は、中1の教科書で習います。早い子は中学受験の勉強、つまり小学生でも習います。理系というと難しい数式を扱うイメージばかりが先行しますが、低学年の勉強でも、かなり応用が利くという証拠です。テストの点数を取るための勉強をしていると何も感じずに通り過ぎてしまいますが、自分の人生に生かそうと学ぶと、途端に深いメッセージが感じられるようになります。本書でもたくさんの政治や歴史の問題を倉山先生と見ていきましたが、それがおわかりいただけたでしょう。

　最後に、日本でも指折りの作家であり、言論人である倉山先生と共著を出すことができたこと、そして、倉山先生と出会わせて下さった株式会社キャリアコンサルティング様にも感謝いたします。

　また、執筆にあたっては倉山工房の徳岡知和子さん、細野千春さんにも深くお礼申し上げます。お2人がいなければ、絶対に本書を世に送り出せなかったことと思います。

加えてタイトなスケジュールの中、誠心誠意にサポートしてくださったハート出版の西山世司彦さんにも感謝を捧げます。
　そしてなによりも、執筆活動を支えてくれた家族と、本書を最後までお読みくださった読者の皆さまへ、心からの感謝を。

平成 30 年 5 月 18 日

平井 基之

◆著者◆

倉山 満（くらやま みつる）

1973年、香川県生まれ。憲政史研究家。
1996年、中央大学文学部史学科国史学専攻卒業後、同大学院博士前期課程を修了。在学中より国士舘大学日本政教研究所非常勤研究員を務め、2015年まで日本国憲法を教える。
著書に『学校では教えられない歴史講義 満洲事変』『大間違いの織田信長』（いずれもＫＫベストセラーズ）『検証 検察庁の近現代史』（光文社）『嘘だらけの日米近現代史』などをはじめとする「嘘だらけシリーズ」（扶桑社）『国際法で読み解く戦後史の真実』（ＰＨＰ研究所）『世界の歴史はウソばかり』（ビジネス社）『逆にしたらよくわかる教育勅語』『倉山満の憲法九条』（いずれも小社）ほか著書多数。現在、ブログ「倉山満の砦」やコンテンツ配信サービス「倉山塾」（https://kurayama.cd-pf.net/）や「チャンネルくらら」（https://www.youtube.com/channel/UCDrXxofz1CIOo9vqwHqfIyg）などで積極的に言論活動を行っている。

平井 基之（ひらい もとゆき）

1984年、山梨県生まれ。受験戦略家。東大に文理両方で合格した男。
東大受験者専門塾「敬天塾」を経営。塾長一人で東大入試の全科目を指導し、立ち上げ初年度から合格者を輩出。
現役で東大理科一類に合格し、卒業後に大手学習塾に入社。東大受験者専門コースで数学と物理を担当し、東大合格者数の激増に貢献。退職後、私立高校で難関大学受験者専門クラスの統括責任者に抜擢される。それまでに培ったノウハウを自ら実践するために、30歳を超えてから一念発起。1年で東大文科三類の合格を目指して受験勉強を開始。センター試験で目標点と全く同じ得点を取り、東大入試では目標点から1点しかずれない得点で合格。東大受験中から発信しているブログは話題を呼び、最大月間アクセス数は17万を達成。「日本お笑い数学協会」のメインプレゼンターとして、お笑い芸人などと数学を面白く伝える活動をしている。
著書に『ビジネスで差がつく 論理アタマのつくり方』（ダイヤモンド社）『笑う数学』（KADOKAWA、共著）がある。

写真撮影：田中 舞

理数アタマで読み解く日本史

平成 30 年 5 月 22 日　第 1 刷発行

著　者　倉山　満
　　　　平井 基之
発行者　日高 裕明
発　行　株式会社ハート出版

〒 171-0014 東京都豊島区池袋 3-9-23
TEL.03(3590)6077　FAX.03(3590)6078
ハート出版ホームページ　http://www.810.co.jp

©2018 Kurayama Mitsuru / Hirai Motoyuki Printed in Japan
定価はカバーに表示してあります。
ISBN978-4-8024-0057-2　C0021
乱丁・落丁本はお取り替えいたします。ただし古書店で購入したものはお取り替えできません。

印刷・中央精版印刷株式会社

逆にしたらよくわかる教育勅語
ほんとうは危険思想なんかじゃなかった

今の日本がダメなのは「教育勅語」がないからだ！
倉山満が戦後教育の欺瞞を暴く！

「教育勅語」とはたった12徳目からなる簡潔・明瞭な国民として当たり前の「心がけ」
「なんとなく」怖い…そう思っているあなたに贈る「教育勅語」入門。

かつて世界各国から羨望の目で見られたほどであった「教育勅語」。これを廃止し、忘れさせようとしたのは日本の弱体化を狙う勢力の陰謀だった。

本体価格：1400円

ISBN 978-4-89295-985-1

倉山満の憲法九条
政府も学者もぶった斬り！

「九条にノーベル賞を」と願う方は絶対に読まないでください！
歴史が実証する──「集団的自衛権」「解釈改憲」などの無駄な憲法論議！
国際法も軍事も地政学もロクに知らない憲法学者、そのお花畑な論理にツッコまずにはいられない。

宮沢俊義、芦部信喜、長谷部恭男、小林節、木村草太をはじめとする著名憲法学者たち、安倍内閣、自民党憲法草案、内閣法制局……みんなまとめて叩き斬る！

本体価格：1500円

ISBN 978-4-8024-0002-2